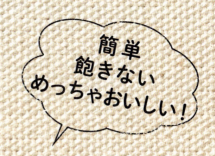
簡単
飽きない
めっちゃおいしい！

てんきち母ちゃんの
あるものだけで
10分作りおき

井上かなえ

文藝春秋

はじめに。

子どもたちもみんな大きくなり、家族5人が一緒に食卓を囲んで「いただきます」ができるのは、
もうひと月に一度あるかないかになってきました。
平日も休日も関係なくみんなそれぞれ、学校に塾、部活、バイトと
外で過ごす時間は増えていき、帰る時間もバラバラに。
母さんは母さんで、多い時には週に1〜2度、東京の仕事が入るようになり
泊まりでの仕事の時は、しばらく家を空けることもあります。
以前では当たり前の光景だった「おかえり〜！ すぐごはんにするね」って、母さんがごはんをよそったり、
おかずを温めなおして並べてくれるっていうありがたいシステムも作動しなくなり、
我が家の晩ごはんスタイルは昔とは少しずつ変えざるをえなくなってきました。
みんなが一斉に食べられないから、時間差で食べるからこそ、大事なのは、
・作りたてのアツアツじゃなくても、温めなおしてもおいしく食べられるおかず。
・多めに作っておくと、数日の間の副菜やお弁当にも使える便利なおかず。
・冷蔵庫にある半調理済みのおかずの素でパッと作れて飽きが来ない使いまわしおかず。
この本のレシピはどれも、わたしが留守をする時の「置き晩ごはん」としてだったり、
仕事が忙しくて晩ごはんの支度に時間がかけられない時のために、
隙間タイムにパッと作って冷蔵庫にスタンバイさせておいているものです。
子どもたちやオット、それぞれみんなバラバラに出先から家へ戻ってきたら、
冷蔵庫に置いてある保存容器から、メインおかず、サブおかずをバランスよく
食べたい分だけお皿に取り分けて、レンジでチン！　味変えして食べられるおかずならば、
自分たちで好きなようにアレンジして、晩ごはんおかずにもできる。

「母さんがいない日でも、母さんの作った晩ごはんが食べられて幸せでしょ？」
と、母頑張っていますアピールをしてみたところ、高2の長女には
「でもやっぱ自分でやるより、母さんが皿に盛り付けて温めてくれたほうがおいしい気がする」
とチラ見しつつ言われたんですけど（笑）。
もう、それ気持ちの問題！　誰がチンしても一緒！

ま、それは置いといて（笑）。
うちで食べる晩ごはんって、やっぱりおいしい。

Contents

はじめに。 …3

簡単、飽きない、
めっちゃおいしい！
**てんきち母ちゃんの
作りおきルール** …6

井上家の人々 …8

この本の表記のルール …8

第1章

味は保証付き！
「またあれ作って」の
声が絶えない

**井上さん家の
大人気作りおき
Best 30**

メインおかず …10
サブおかず …22

●━━ コラム① ━━●
琺瑯・ガラス・プラスティック・
ファスナー付きポリ袋
保存容器の選び方 …30

第2章

簡単にアレンジできるから
たくさん作っても飽きない！
変身作りおき

鶏むね肉のしっとりソテー … 32
ゆで鶏 … 36
グリルチキン … 38
豚ひれのオイル漬け … 40
さんまのオイル煮 … 42
塩豚 … 44
ヘルシーゆで肉団子 … 46
塩そぼろ … 48
レンチンホワイトソース … 50
レンチントマトソース … 52

●━━━ コラム② ━━━●

しっとりやわらかな食感になる！
鶏むね肉の簡単カット法 … 54

第3章

アレンジしたい派にも
すぐに食べたい派にも！
野菜1品でできる
作りおき60

かぼちゃ … 56
きのこ … 58
キャベツ … 60
ゴーヤ … 62
ごぼう … 64
セロリ … 66
ピーマン … 68
大根 … 70
玉ねぎ … 72
なす … 74
にんじん … 76
白菜 … 78
ブロッコリー … 80
じゃがいも … 82
長いも … 84

これひとつで、プロっぽい味に！
井上さん家の絶品香味だれ Best 5 … 86
パクチーしょうゆ／パセリオイル／
玉ねぎだれ／ニラだれ／トマトだれ

おわりに。 … 89

素材別さくいん … 90

簡単、飽きない、めっちゃおいしい！
てんきち母ちゃんの
作りおきルール

#1
全部、実働10分以下で
できます！

ラクをするための作りおきのはずなのに、そもそも作るのに手間や時間がかかるのでは本末転倒。この本に載っているレシピは、1章～3章まで全部、「実働」が10分以下。できあがるまでには、鍋で煮込んだり、冷蔵庫で放置したりと10分以上かかるものもありますが、切ったり炒めたりという実際に手を動かさないといけない「作業時間」はたったの10分だけ！だから、毎日の夜のおかずを作るついでに作ったり、買い物の後、野菜を冷蔵庫にしまう前にさっと仕込むなんてことも簡単なのです。どのレシピも好評なものばかりだけれど、1章ではその中でも特に家族やブログ読者から大人気の井上家のベストレシピを厳選紹介しました！

#2
味変えできる
「変身作りおき」が便利！

いくらおいしい作りおきでも、毎日同じものをせっせと食べ続けるのはさすがに飽きてしまうこともあります。だから一瞬のアレンジで、全然違う味付けに変わる「変身作りおき」をたくさん用意しました。ほんのひと手間加えるだけで、普段の晩ごはんのおかずやおつまみに、お弁当に、朝ごはんにと様々に展開できるから、とーっても便利！少人数のご家庭や一人暮らしの方なら、小分けして冷凍しておくのもおすすめです。そして、食べる時にその時の気分で味付けや食べ方を変える！紹介しているアレンジ以外にも、お好みの調味料のチョイ足しで、どんどんアレンジ可能な、冷蔵庫や冷凍庫にあると嬉しい素材おかず。そんな便利な作りおきを2章でご紹介します。

#3
副菜は野菜1品の
作りおきで！

主菜はすぐに決まっても、副菜ってなかなか決ま
らない、そもそも作るのが面倒、という声をよく
聞きます。キャベツや大根、白菜など大型の野菜
は、冷蔵庫から取り出し、袋から出し、洗って切
り分けてって、考えただけでちょっと億劫になっ
たりします。そんな時には、野菜1品でできる作
りおきを！ さしあたり使う予定がないけど、特売
などでまとめ買いした大型野菜はとりあえず仕込
んでおけば、腐らせてしまうこともなくなります。
冷蔵庫に野菜の作りおきさえあれば、後は肉や魚
を焼くだけで献立の完成！ アレンジして食べたい
派には、味付けを最小限にしたシンプル作りおき
を、冷蔵庫から出してすぐ食べたい派にはそのま
ま食べられる作りおきを。3章でご紹介します。

#4
味変えに重宝する
調味料＆常備食材

2章で紹介している変身作りおきや、3章の野菜
1品のシンプルな作りおきなどは、紹介している
アレンジ以外にも、ご自身で自由に味変えを試し
てみてください。味変えには、下記のような調味
料があると便利です。

味に パンチを	わさび　からし　柚子胡椒　梅肉 生姜　にんにく　粒マスタード
エスニック ぽく	スイートチリソース　ナンプラー オイスターソース　豆板醤 カレー粉　クミン　花椒パウダー
甘ずっぱく	レモン汁　マーマレード　メイプルシロップ
コク＆ 風味出し	フライドオニオン　かつおぶし　チーズ 青のり・のり　ごま油　オリーブオイル ココナッツオイル　すりごま

井上家の人々

かな姐（母さん）

料理は作るのも食べるのも、もちろん飲むほうも大好きな、関西在住お料理ブロガー。子どもたちもだんだん大きくなり、家族5人で食卓を囲めるのは月に一度くらいになり、寂しく思っている。アラフィフになり、若い頃と同じようになんて無理はできないお年頃。ゆえに、食べるものや睡眠時間も若いころ以上に気を付けているが、そろそろ身体のメンテナンスも！と、ジムにも通い始めた。よっ！健康的！

てんきち（長男）

大学4回生。この春からいよいよ社会人に（なる予定）！大学在学中の4年間真面目に勤めあげた居酒屋の調理場での経験や、趣味の釣りで自分が持ち帰った魚は自分で捌けよ、という母さんのスパルタ指導により、今では包丁使いもすっかり慣れたものに。この本の撮影時には母さんのアシスタントとして食材の買い出しや、皿洗い、試食係もしてくれた。

なーさん（長女）

食いしん坊の高校2年生。食に対する執着は母さんを上回る。冷蔵庫の中身チェックは欠かしたことがなく、どんなおかずが常備されているかを常に把握しておきたいらしく、学校から帰ってきて保存容器が1つ2つ増えていればすぐにふたを開けてチェック！晩ごはんの残り物が少しだけラップに包まれて入っていてもすかさずチェック！誰よりもうちの冷蔵庫事情に詳しい冷蔵庫の番人。

すぅさん（次女）

牛と白米、餃子くらいしか食べ物に興味を示さない中学3年生。何かを決定するのが苦手な末っ子で、着ていく服も、髪型も、外食時に注文するものも、ケーキ屋さんでどれを選ぶかもすべて母さんに聞きたい究極のママっ子（って書いたのを知ったら怒るやろなー）。毎朝Siri（携帯の秘書機能アプリ）に「〇〇市、今日の天気は？」と話しかけるのが日課。そのうち「傘いる？コート着る？何時に帰ればいい？」と聞き始めるのではないかと母はワクワク。

オット（夫）

鶏のむね肉とささみ（と、妻）をこよなく愛する筋肉愛好家。最近は妻にも、普段から運動をする大切さを説くとともに、ジムは行かなきゃいけないから行くのではなく、楽しいから行くんだ！という気持ちが一番大切だと力説する。筋トレしながら何を考えればいいのかわからん、運動中って暇やわ……というけしからん妻を理解しようと静かに努力中（嘘）。

メイさん（愛犬）

ラブラドールレトリバーのおばあちゃんわんこ。早寝早起き母さんの仲間、癒しの存在。
中高生の娘たちが夜遅くまでリビングでテレビを付けていると「うるさいよ！電気を消して！テレビ消して！布団で寝なさい！」と母さんの代わりに注意してくれる（電気を消すまで娘の顔を見ながら極小さめの声で根気強く吠え続けるという技）。ありがとうよぅ〜。

この本の表記のルール

- 大さじ1は15cc、小さじ1は5cc、1カップは200ccです。
- 電子レンジの加熱時間は、出力600Wのものを基準にしています。500Wの電子レンジを使用する場合は、1.2倍の加熱時間を目安としてください。
- トースターは1300Wのオーブントースターを使っています。グリルはガスの魚焼きグリルです。IHの場合は加熱時間が長くかかる場合があります。
- 保存する際は清潔な容器に入れ、清潔な箸を使ってください。各レシピについている保存期間はあくまで目安です。保存環境によって異なりますのでご注意ください。
- 味別タグは、さっぱり塩味、さっぱりしょうゆ味、コク旨甘辛味、すっぱ味、エスニック味、カレー味、トマト味、マヨ味の8種類に分類しています。ご参考に。
- 印は、水分が出にくい、匂いが気にならないなどの理由で、お弁当のおかずとしてもおすすめなものです。

味は
保証付き！

第1章

「またあれ作って」の声が絶えない

井上さん家の
大人気作りおき
Best 30

作りおいたつもりが一瞬でなくなってしまう!?
家族やブログ読者のみなさんから
圧倒的な支持を得ているレシピを紹介します。

罪悪感なくたっぷり
食べられるスープ！
食べすぎ、飲みすぎの
翌日のリセットにも◎
──母さん

メイン
おかず

これが冷蔵庫に入っていれば
母さんのいない日も安心！

リピート
No.1

たっぷり野菜の
田舎風スープ

さっぱり
塩味 | 冷蔵：5日間
冷凍：2週間

材料（8人分～）
鶏むね肉…1枚（330～
350gくらいのもの）
にんにく　1片
玉ねぎ…1個
にんじん…1本
セロリ…1本
レンコン…250g
キャベツ…1/4玉
いんげん…10本ほど
オリーブオイル…大さじ2

水…1500cc
塩…小さじ2
コショウ…少々
ローリエ…2枚
クローブ…2粒（あれば）

作り方
1. 野菜はすべて細かく刻む。鶏肉は1センチ角に、にんにくは薄切りにする。
2. 鍋にオリーブオイルをひいて、にんにく、玉ねぎ、にんじん、セロリ、レンコン、キャベツの順に炒める。鶏肉といんげんを入れてから10分ほど弱火でしっかり炒め、水を入れる。
3. ローリエは折り目を付けて、クローブと一緒に鍋へ入れる。20分ほどふたをして煮込み（あくをすくう）、ローリエとクローブは取り出す。塩とコショウで味を調える。

てんきち
リクエストNo.1

酢を使った
肉料理は
間違いなくうまい！
——てんきち

手羽元のエスニック煮

| エスニック味 | 冷蔵：5日間 冷凍：2週間 |

材料（4人分）
鶏手羽元…1kg
にんにく…2片
A
　水…200cc
　ナンプラー…大さじ2
　砂糖…大さじ2
　オイスターソース…大さじ2
　酢…100cc
　鷹の爪（小口切り）…お好みで

作り方
1. 鍋に手羽元、叩き潰したにんにくとAを入れて煮立てる。あくをすくいながら40分ほどふたを斜めにして中火で煮る。充分に煮汁が煮詰まって、照りよく仕上がったら出来上がり。

最新版！塩おでん

| さっぱり 塩味 | 冷蔵：5日間 冷凍：× |

ブログで大人気になったレシピ。冬の大定番！ ――母さん

材料（8人分～）

だし
- 水…2500 cc
- 昆布（10センチ四方のもの）…1枚
- 酒…100 cc
- 塩…大さじ2
- みりん…大さじ2
- 鶏もも肉…2枚（1枚300g くらいのもの）

お好みのおでんの具（下ゆでした大根、下ゆでしたこんにゃく、ゆで卵、厚揚げ、練り物など）…適量

作り方

1. 鍋に昆布と水を入れ、酒と大きめにぶつ切りにした鶏もも肉を入れて沸騰させる。あくをすくって塩とみりんを加える（昆布は具材と一緒に煮た後に、結び昆布にしていただきます）。
2. お好みの具材を入れて弱火で煮る。
＊残っただし汁で炊き込みごはんを作るとまた、おいしい！

こってり味が
キャベツにしみしみで
ごはんに合う〜
——すぅさん

すぅさん
リクエストNo.1

デミグラスソースのロールキャベツ

コク旨 | 冷蔵：4日間
甘辛味 | 冷凍：2週間

材料（10個分）
キャベツの葉…10枚くらい
合いびき肉…400g
玉ねぎ…1/2個
デミグラスソース缶…1缶
水…300cc

A
卵…1個
パン粉…1/2カップ
牛乳…50cc
塩…小さじ1/3
コショウ…少々

B
ケチャップ…大さじ3
しょうゆ…大さじ1/2
バター…10g

作り方
1. キャベツは芯をくりぬいて葉を1枚ずつはがす。耐熱容器に入れ、ふんわりとラップをかけて電子レンジで4分加熱し、そのまま冷ます。玉ねぎはみじん切りにし、ひき肉とAと一緒にボウルに入れる。手でよくこね混ぜ、10等分にする。
2. キャベツの葉は芯を薄く削ぎ、1の肉だねを置いて巻く。これを10個作る。
3. 鍋底に2をぎゅうぎゅうに詰めて並べ、デミグラスソースと水を入れて火にかける。ふたをして、途中デミグラスソースを掛けたりなじませたりしながら、中火から弱火で20〜30分ほど煮込む。
4. 煮汁が少なくなってキャベツも柔らかく煮えてきたら、Bを加えて5分ほど煮る。

トマトクリーム シチュー

トマト味 | 冷蔵：5日間 / 冷凍：×

> 普通の
> シチューより
> こっちの方が
> 好きやわー
> ——オット

材料（4人分）

鶏もも肉…2枚
（1枚300gくらいのもの）
玉ねぎ…1個
にんじん…1本
じゃがいも…3個
バター…20g
薄力粉…大さじ3
ダイスカットトマト缶…1缶
水…200cc
牛乳…150cc
塩…小さじ1
ブラックペパー…少々

作り方

1. 鶏肉は一口大に切って塩、コショウ、酒各少々（すべて分量外）をまぶす。玉ねぎは薄切り、にんじんはいちょう切り、じゃがいもは一口大に切って水にさらす。
2. 鍋にバターを入れて中火にかけ、玉ねぎを炒める。しんなりと透明になってきたら鶏肉を入れ、表面の色が変わるまで炒める。にんじん、じゃがいもも加えてさらに炒める。
3. 全体に油が回ったら薄力粉を加えて粉っぽさがなくなるまで炒め、トマト缶と水を加え、時折底からかき混ぜて焦げつかないようにしながら、ふたをして弱火で15分煮る。
4. 牛乳を加えて5分ほど煮込み、塩、ブラックペパーで味を調える。

食べたらちょっとだけ
餃子の味っぽいから
好きやねん
——すぅさん

もやしと
ニラのつくね

さっぱり
塩味

冷蔵：4日間
冷凍：2週間

材料（4人分）
鶏ひき肉…300g
もやし…1袋
ニラ…1/2束
生姜…1かけ
卵…1個
サラダ油…少々
A ┌ 塩…小さじ1/2
 │ しょうゆ…小さじ1
 │ 片栗粉…大さじ1
 └ ごま油…大さじ1
しょうゆ、からし…お好みで

作り方
1. ニラは細かく刻み、生姜はすりおろす。
2. ボウルに鶏ひき肉、もやし、1のニラと生姜、卵、Aを入れて手でこね混ぜる。この時にもやしをパキパキと折りながら肉に混ぜ込んでいく。
3. フライパンにサラダ油をひき、弱火にかける。2の肉だねをカレースプーン2本で丸めながら落とす。落としたらスプーンの背で少し押して小判形にする。
4. 焦げ目がついたらへらで裏返す。水50cc（分量外）を入れてふたをして中火で蒸し焼きにする。4〜5分ほど、水分が少なくなるまで焼く。お好みでからしじょうゆを添えていただく。

シンプルにうまい！
――てんきち

ガーリック塩肉じゃが

さっぱり塩味 / 冷蔵：5日間 / 冷凍：×

材料（4人分）
じゃがいも…4個（500g）
豚薄切り肉（ばら肉など）…200g
ごま油…小さじ2
A
　水…200cc
　酒…大さじ1
　塩…小さじ2/3
　あらびきガーリック…少々
　（またはにんにくみじん切り…1片分）
ブラックペパー…お好みで

作り方
1. じゃがいもは一口大に切って水にさらし、ざるにあける。豚肉は3センチ長さに切る。
2. 鍋に湯を沸かし、豚肉を色が変わるまでゆで、ざるにあける。
3. 2の鍋の水分をキッチンペーパーなどで拭き取り、ごま油と1のじゃがいもを入れて火にかける。周りが半透明になってくるまで炒めたら、2の豚肉を入れてさっと炒める。
4. 全体に油が回ったらAを加えて煮る。じゃがいもが軟らかくなり、煮汁がなくなってくるまで約7〜8分ほど煮て火を止める。器に盛り付け、お好みでブラックペパーを振る。

なすのキムみそ炒め

コク旨甘辛味 / 冷蔵：4日間 / 冷凍：2週間

ビールに合うわ〜
――母さん

材料（4人分）
なす…3〜4本
豚薄切り肉（ばら肉など）…250g
キムチ…150g
ごま油…大さじ1
A
　みそ…大さじ2
　酒…大さじ1
　しょうゆ…大さじ1

作り方
1. なすは乱切りにして塩水（分量外）につけ、ギュッと絞る。豚肉は4センチ長さに切る。
2. フライパンに1のなすを入れてごま油を回しかけ、火にかける。全体に油が回るまで炒め、豚肉を入れて色が変わるまで炒める。
3. キムチを加えて軽く炒め、Aを加えて全体になじませ、火を止める。

時々無性に
食べたくなる！
——てんきち

さばの煮つけ

`コク旨甘辛味` `冷蔵：5日間` `冷凍：2週間`

材料（4人分）
さば（3枚おろし切り身）…4切れ
生姜…1かけ
塩…少々
A
　水…150〜200cc
　砂糖…大さじ1
　みりん…大さじ2
　酒…大さじ2
　しょうゆ…大さじ2

作り方
1. さばは皮目に切り込みを入れて塩を振って10分ほどおき、出てきた水分をキッチンペーパーで拭き取る。生姜は皮付きのまま薄切りにする。
2. フライパンにAと生姜を入れて煮立たせる。煮立ったところへ1のさばを重ならないように並べ、強火で煮る。煮汁をかけながら5分ほど煮たら中火にして、煮汁が1/3くらいになるまで煮詰める。

豚ばらとニラの
ピリ辛春雨炒め

`エスニック味` `冷蔵：5日間` `冷凍：2週間`

材料（4人分）
豚薄切り肉（ばら肉など）…250g
玉ねぎ…1/2個
にんじん…1/2本
ニラ…1束
ごま油…大さじ1
カット乾燥春雨…80g
塩、コショウ…各少々
水…300cc
A
　砂糖…大さじ1
　紹興酒（または酒）…大さじ2
　しょうゆ…大さじ3
　にんにく、生姜（すりおろし）…各1かけ分
　豆板醤…小さじ1

作り方
1. 玉ねぎは薄切り、にんじんは千切り、ニラと豚肉はそれぞれ4センチ長さに切る。
2. フライパンにごま油をひいて豚肉を炒める。色が変わってきたら玉ねぎとにんじんを入れてさっと炒め、軽く塩、コショウを振る。
3. Aを上から順に入れてひと混ぜし、水を加える。ここに戻していない春雨を入れ（長ければキッチンばさみで切っておく）、春雨が汁に浸るように広げて強火で加熱する。
4. 3〜4分ほどたって春雨が軟らかくなり、水分が飛んだらニラを加えて火を止める。ニラは余熱で仕上げる。

ピリ辛で
ごはんが進むわー
——すぅさん

マヨネーズが
めっちゃ合うやん！
——なーさん

鶏むね肉の南蛮

`コク旨 甘辛味` `冷蔵：5日間 冷凍：2週間`

材料（4人分）
鶏むね肉…2枚（1枚330〜350gくらいのもの）
塩、コショウ、薄力粉、サラダ油…各適量
卵…2個

A
- 水…大さじ3
- 砂糖…大さじ3
- 米酢…大さじ3
- しょうゆ…大さじ2
- 塩…ひとつまみ
- 鷹の爪（小口切り）…ひとつまみ

マヨネーズ…お好みで

作り方
1. 鶏肉は削ぎ切りにして塩、コショウを振り、ビニール袋に薄力粉と共に入れて振り混ぜ、全体に粉をまぶす。Aを小鍋に煮立てておく。卵はボウルに割りほぐしておく。
2. フライパンにやや多めの油を熱し、1の鶏肉を卵につけながら両面焼く。焼けたらAの小鍋に入れていき、ひと煮立ちさせ、そのまま冷ます。食べる時にお好みでマヨネーズを添える。

じゃがいもと牛こまの甘辛煮

`コク旨 甘辛味` `冷蔵：5日間 冷凍：×`

材料（4人分）
牛こま肉…200g
じゃがいも…4個（500g）
ごま油　大さじ1
水…200cc
砂糖…大さじ2
しょうゆ…大さじ2
バター…20g

作り方
1. じゃがいもは一口大に切って水にくぐらせる。
2. 鍋にごま油をひいて中火にかけ、じゃがいもと牛肉を炒める。じゃがいもの表面が透き通って牛肉の色が変わったら砂糖を加えて1分ほど炒め、水を加えて煮立てる。
3. あくをすくい、落しぶたをして10分ほど煮る。煮汁が少なくなってじゃがいもに火が通ったら、しょうゆとバターを加えて全体に絡め、3分ほど煮て火を止める。

牛肉とじゃがいも！
私の好きな
ものばっかり！
——すぅさん

梅と大根おろしで
しっとり
食べやすい〜
——なーさん

鶏の梅おろし煮

すっぱ味　冷蔵：3日間　冷凍：2週間

材料（4人分）
鶏もも肉…2枚（1枚 300g くらいのもの）
大根…1/3本（300g くらい）
塩、コショウ、片栗粉、サラダ油…各適量
梅干し…2個
A 「 水…150cc
　　 しょうゆ…大さじ3
　　 酒…大さじ2
　　 みりん…大さじ1
　　 米酢…大さじ1 」
青ねぎ（小口切り）…少々

作り方
1. 鶏肉は一口大に削ぎ切りにして塩、コショウを振り、ビニール袋に片栗粉と共に入れて振り混ぜ、粉を全体にまぶす。大根をすりおろす。
2. フライパンにサラダ油をひいて強火で熱し、1 の鶏肉を焼く。こんがりときつね色になったら裏返して同じように焼き（中はまだ生でOK）、両面焼けたら余分な脂を拭き取り、A と大根おろし（汁ごと全部）を注いで5分ほど煮て中まで火を通す。
3. 種を取って包丁で叩いた梅干しを加えてさっと煮て火を消す。青ねぎをのせる。

むね肉料理は
毎日でもいいで
——オット

しっとりヘルシー
タンドリーチキン

カレー味　冷蔵：5日間　冷凍：2週間

材料（4人分）
鶏むね肉…3枚(1枚330〜350gくらいのもの)
A 「 プレーンヨーグルト…1カップ
　　 塩…大さじ1
　　 カレーパウダー…大さじ2
　　 にんにく（すりおろし）…1片分 」

作り方
1. 鶏むね肉は皮を取り除く。厚手のビニール袋に A と鶏肉を入れて手でよくもんでなじませ、冷蔵庫に1晩おく（または朝仕込んで夕方まで）。
2. 焼き始める30分前に冷蔵庫から取り出して室温でおく。両面焼きグリルに鶏肉を並べる。上火強、下火弱にセットして13分ほど焼く。途中表面に焦げ色がついてきたらアルミホイルをかぶせる。
3. 焼き上がったらホイルに包んで10分余熱でおく。食べやすい大きさに切って盛り付ける。

キャベツが甘い！
チーズ入れると
もっとおいしい
——なーさん

豚ばらとキャベツの
トマトシチュー

トマト味　冷蔵：3日間
　　　　　冷凍：2週間

材料（4人分）
キャベツの葉…8〜10枚ほど
豚薄切り肉（ばら肉など）…350g
玉ねぎ…1個
ダイスカットトマト缶…1缶
水…400cc
A┌塩…小さじ2
　│ブラックペパー…少々
　│乾燥ハーブ（セージ、バジルなど）…少々
　└しょうゆ…大さじ1
粉チーズ…お好みで

作り方
1. キャベツの葉は適当な大きさに切り、豚肉は3センチ長さ、玉ねぎは薄切りにする。
2. 鍋に玉ねぎを敷き詰め、その上にキャベツと豚肉を交互に重ねて入れる。トマト缶と水を加えて火にかけ、煮立ったらあくをすくってキャベツが柔らかくなるまで10分ほど煮込む。
3. Aで調味する。お好みで粉チーズを振っても。

さばと焼き豆腐の
みそ煮

コク旨　冷蔵：4日間
甘辛味　冷凍：2週間

材料（4人分）
さば（3枚おろし切り身）…4切れ
塩…少々
焼き豆腐…2丁
生姜…1かけ
A┌水…200cc
　│みりん、酒…各50cc
　└砂糖…大さじ1
みそ…大さじ1強
しょうゆ…大さじ1/2

作り方
1. さばは皮目に切り込みを入れて塩を振り10分ほどおく。出てきた水分をキッチンペーパーで拭き取る。焼き豆腐は軽く水切りをして食べやすく切る。生姜は皮付きのまま薄切りにする。
2. フライパンにAと生姜を入れて煮立て、1のさばを並べて入れる。煮汁をかけながら煮汁が半分くらいになるまで強火で煮たら、焼き豆腐とみそ、しょうゆを加えて煮汁が少なくなるまで煮る。

甘辛いみそ味が
シミシミやねん
——母さん

サブおかず

あとは肉か魚を焼くだけで、
栄養満点のメニューが完成。
晩ごはんにもお弁当にも大活躍！

夏は冷まして
食べるのが◎
──母さん

母さんおすすめ
No.1

じゃこじゃが

さっぱり
塩味

冷蔵：5日間
冷凍：×

材料（4人分）
じゃがいも…4個（500g）
オクラ…8本
ちりめんじゃこ…30g
ごま油…大さじ1
A ┌ 水…300cc
　├ 塩…小さじ1/2
　├ 酒…大さじ1
　└ しょうゆ…小さじ1

作り方
1. じゃがいもは皮をむいて3センチ角くらいに切り、水にさらしてざるにあける。オクラはガクを取る（産毛が気になる場合は板摺りする）。
2. 鍋に1のじゃがいもを入れてごま油を回しかけ、中火にかける。木べらでかき混ぜながら表面に油が回るまで軽く炒める。
3. Aを注ぎ、じゃがいもが軟らかくなるまで中火から弱火で10分ほど煮る。じゃがいもにスッと串が通るようになったら、ちりめんじゃことオクラを加えて2分ほど煮て火を止める。

ボウルいっぱい
抱えて食べたい！
——なーさん

なーさん好み
No.1

キャベツのコールスローサラダ

すっぱ味　冷蔵：3日間
冷凍：×

材料（4人分）
キャベツの葉…5～6枚
にんじん…1/2本
コーン水煮缶…1缶
塩…適量
　┌ 柚子ジャム…大さじ2
　│ 塩、コショウ…各少々
A │ レモン汁…大さじ1
　│ エキストラバージンオリーブオイル…大さじ1
　└ マヨネーズ…大さじ2

作り方
1. キャベツとにんじんは、それぞれ粗みじんに切り、塩を振ってもんで、しんなりしてきたらギュッと絞る。
2. ボウルに1のキャベツとにんじん、水気を切ったコーンを入れ、Aを加えて和える。食べる直前まで冷蔵庫で冷やす。
＊柚子ジャムはマーマレードなどに替えても。

23

これ、
弁当に入ってると
めちゃ嬉しい
——すぅさん

にんじんとニラの
春雨ツナ煮

さっぱり
塩味 ／ 冷蔵：4日間／冷凍：2週間

材料（4人分）
にんじん…1本
ニラ…1束
カット乾燥春雨…60g
ごま油…小さじ1
ツナ缶（小）…1缶
水…200cc
酒…大さじ1
塩…小さじ1/2
しょうゆ…小さじ1
白ごま…お好みで

作り方
1. にんじんは千切りに、ニラは4センチ長さに切る。フライパンににんじんとごま油を入れて火にかけ、さっと炒める。
2. 軽く油を切ったツナと春雨、水と酒を入れて、春雨が水分を吸って軟らかくなるよう中火から弱火で炒め煮にする。
3. 春雨が軟らかくなったら塩としょうゆを加えて調味する。
4. ニラを加えて全体を混ぜ合わせて火を止める。お好みで白ごまを振る。

苦味と柚子胡椒の
組み合わせがたまらん
——なーさん

ゴーヤとひじきの
柚子胡椒サラダ

さっぱり
しょうゆ味 ／ 冷蔵：4日間／冷凍：2週間

材料（4人分）
ゴーヤ…1/2本
乾燥ひじき…10g
ツナ缶（小）…1缶
A ┌ 塩、コショウ…各少々
　│ しょうゆ…小さじ2
　│ ごま油…小さじ1
　│ 柚子胡椒…少々
　└ すりごま…大さじ1

作り方
1. ゴーヤは縦に半分に切って種をつまんで取り、薄切りにする。塩（分量外）でもんでしんなりしたら水で流し、ギュッと絞る。乾燥ひじきはたっぷりの水で戻す。
2. ボウルに1のゴーヤ、軽く油を切ったツナ、ひじきを入れる。Aを加えて和える。

梅味の切り干し煮

さっぱり塩味　冷蔵：5日間　冷凍：2週間

材料（4人分）
切り干し大根…150g
ベーコン…約5枚（90g）
玉ねぎ…1/2個
大葉…10枚
ごま油…大さじ1
梅干し…2個
A ┌ 切り干し大根の戻し汁＋水…200cc
　├ みりん…大さじ1
　└ しょうゆ…大さじ1/2

作り方
1. 切り干し大根は水でさっと戻して洗い、食べやすい長さに切る。ベーコンは1センチ幅に、玉ねぎは薄切りに、大葉は千切りにする。
2. 鍋にごま油をひいて熱し、切り干し大根、ベーコン、玉ねぎを炒める。玉ねぎが軟らかくなってきたらAを加え汁気が少なくなるまで中火で煮る。
3. 汁気が少なくなってきたら、種を取って包丁で叩いた梅干しと大葉を加えて全体を混ぜ、火を止める。

> こういう地味な
> おかずがしみじみ
> おいしいお年頃
> ──母さん

> 切り干しも
> こうやって食べる方が
> 食べやすいな
> ──オット

切り干し大根と
ほうれん草のツナクミン

エスニック味　冷蔵：4日間　冷凍：2週間

材料（4人分）
ほうれん草…1束
切り干し大根…40g
ツナ缶（小）…1缶
クミン　小さじ1/2
オリーブオイル…大さじ1
米酢…大さじ1
塩…ひとつまみ
しょうゆ…大さじ1

作り方
1. ほうれん草は塩少々（分量外）を入れた熱湯でゆでて冷水に取り、水気を絞って3センチ長さに切る。切り干し大根はサッと水洗いして食べやすい長さに切る。
2. フライパンにオリーブオイルとクミンを入れて火にかけ、焦げないように、かつ香り良く熱して火を止める。
3. ボウルに切り干し大根、ほうれん草、軽く油を切ったツナを入れ、塩としょうゆ、米酢を加える。ここに2のクミンオイルを注いでよく和える。

しょうゆ味の
マカロニサラダ

マヨ味 冷蔵：3日間
冷凍：2週間

材料（4人分）
マカロニ…100g
セロリ…1本
塩、コショウ…各適量
ツナ缶（小）…1缶
フライドオニオン…大さじ1
マヨネーズ…大さじ3
しょうゆ…小さじ1

作り方
1. セロリは斜めに薄切りにし、塩（分量外）を振ってしんなりさせてギュッと絞る。マカロニは袋の表示通りにゆでて湯を切り、冷水で流してざるにあける。キッチンペーパーで水気をふき、ボウルに入れ、軽く油を切ったツナ、フライドオニオン、しょうゆを混ぜる。
2. 1のセロリとマヨネーズ、塩、コショウを入れて全体を混ぜる。
＊セロリの代わりにきゅうりでもOK（セロリのほうが香りがアクセントになる）。

ごはんに合う！
おかずになるサラダ
——オット

弁当に入ってると
めっちゃうれしい！
——なーさん

大豆とじゃこの
甘辛煮

コク旨
甘辛味 冷蔵：5日間
冷凍：2週間

材料（4人分）
蒸し大豆…100g
ちりめんじゃこ…60g
片栗粉…大さじ2
ごま油…大さじ2〜3
砂糖…大さじ2
水…大さじ1
しょうゆ…小さじ1

作り方
1. 大豆とちりめんじゃこをビニール袋に片栗粉と一緒に入れて、振り混ぜる。
2. フライパンにごま油をひき、1を広げて入れて、こんがりといい色になってくるまで、時折かき混ぜながら炒める。
3. 端に寄せて余分な油をキッチンペーパーで拭き、砂糖と水を入れて加熱する。ぶくぶくしてきたらしょうゆを加え、全体に絡める。

ラタトゥイユ

トマト味　冷蔵：5日間　冷凍：2週間

材料（4人分）
玉ねぎ…1個
なす…3本
パプリカ（黄色）…1個
セロリ…1本
ダイスカットトマト缶…1缶
にんにく…2片
オリーブオイル…大さじ3
塩…小さじ1と1/2
乾燥ハーブ（バジル、オレガノ、セージなど）
　　　　　　　　　　　…各小さじ1/3

作り方
1. 野菜はすべて一口大に切る。なすは塩水（分量外）につけてギュッと絞る。にんにくはみじん切りにする。
2. 鍋にオリーブオイルとにんにくを入れて火にかける。香りが立ってきたら1の玉ねぎ、なす、パプリカ、セロリを加えてさらに炒める。
3. 全体にしんなりとしてきたらトマト缶を入れて塩を加え5分ほど煮て火を止める。仕上げにハーブを加える。

> 冷やして
> ごはんの上にのせて
> 食べるのが好き！
> ──なーさん

ささがきごぼうと豚肉の塩おかか炒め

さっぱり塩味　冷蔵：5日間　冷凍：2週間

材料（4人分）
ごぼう…小2本（200g）
豚薄切り肉（ばら肉など）…150g
かつおぶし…1パック
A ┌ 塩…小さじ1/2
　├ しょうゆ…小さじ1
　└ 酒…大さじ2
青ねぎ（小口切り）…少々

作り方
1. ごぼうはささがきにする。豚肉は3センチ長さに切る。
2. 鍋にごぼうとたっぷりの水を入れて火にかける。ぐらぐら煮立ってきたら豚肉も加え、5分ほどゆでてざるにあけ、流水にあてて、あくや脂などを落とす。
3. 鍋に水気を切った2を入れ、Aを加えて火にかける。混ぜながら炒り煮にし、しっかりと調味料がなじんで汁気もなくなったら、かつおぶしを加えて火を止め、青ねぎをのせる。

> うどんの
> トッピングにも
> イケる
> ──てんきち

27

なすと牛肉の炒め煮

コク旨　冷蔵：5日間
甘辛味　冷凍：2週間

材料（4人分）
なす…4本
牛切り落とし肉（ロースなど）…250g
ごま油…大さじ1
鷹の爪（小口切り）…ひとつまみくらい
A ┌ 砂糖…大さじ1
　│ 酒、しょうゆ…各大さじ2
　└ 米酢…大さじ1

作り方
1. なすは乱切りにして塩水（分量外）につけ、ギュッと絞る。牛肉は4センチ長さに切る。
2. フライパンになすを入れてごま油を回しかけ、中火にかける。全体に油が回るまで炒めたら鷹の爪と牛肉を入れて、肉の色が変わるまで炒める。
3. Aを加え、5分ほど炒め煮にし、煮汁が少なくなったら火を止めて、そのまま冷まして味をなじませる。

かくし味に
酢を加えているのが
ポイント！
──母さん

マヨなし
クリーミーポテサラ

すっぱ味　冷蔵：3日間
　　　　　冷凍：2週間

材料（4人分）
じゃがいも…4個（500g）
きゅうり…1本
ゆで卵…2個
柚子胡椒…小さじ1（お好みで増減）
A ┌ 塩…小さじ1/2
　│ 米酢…大さじ1
　│ 牛乳…大さじ2
　└ エキストラバージンオリーブオイル…大さじ3

作り方
1. じゃがいもは皮をむいて水にさらす。鍋にたっぷりの水と塩少々（分量外）を入れてじゃがいもを入れ、火にかける。ぐらぐらしたら火を弱めて15分ほどゆで、串がスッと通るようになったら湯を捨ててコンロの上でゆすって水分を飛ばす（粉ふきいも状態）。きゅうりは薄切りにして塩（分量外）を振り、しんなりしたら絞っておく。
2. 熱いうちに1のじゃがいもを潰し、Aを上から順に入れてよく混ぜる。粗熱が取れたらみじん切りにしたゆで卵と柚子胡椒と1のきゅうりを加えて軽く混ぜ、器に盛り付ける。

トーストにのせて
食べるのも好き
──すぅさん

めっちゃクリーミー！
——なーさん

ごぼうサラダ

| マヨ味 | 冷蔵：4日間
冷凍：2週間 |

材料（4人分）
ごぼう…小2本（200g）
にんじん…小1本（150g）
A ┌ 塩…小さじ1/3
　　 米酢…大さじ1
　　 しょうゆ…大さじ1
　　 クリームチーズ(個包装のもの)…2個
　　└ メイプルシロップ…大さじ1
B ┌ マヨネーズ…大さじ3
　　 ねりごま…大さじ1
　　└ すりごま…大さじ2

作り方
1. ごぼうは皮をこそげ、斜めに薄切りにしてから千切りにする。にんじんも同じくらいの太さの千切りにする。鍋に湯を沸かし、米酢（分量外：大さじ1）を入れて、6分ほどゆでる。
2. 火が通ったらざるにあけ、もう一度鍋に戻して熱いうちにAを混ぜて味をなじませておく（余熱でクリームチーズは溶ける）。
3. 粗熱が取れてからBを混ぜる。

中華っぽいおから煮

| さっぱり
塩味 | 冷蔵：4日間
冷凍：2週間 |

材料（4人分）
鶏ひき肉…150g
おから…250g
ごま油…大さじ2
生姜…1かけ
ニラ…1束
白ごま…大さじ2
コショウ…少々
A ┌ 水…200cc
　　 酒…大さじ2
　　 塩…小さじ1/3
　　└ しょうゆ…大さじ1

餃子みたいな
味やからガッツリ
食べられる
——てんきち

作り方
1. ニラは1センチ長さに刻み、生姜はみじん切りにする。
2. 鍋にごま油と生姜を入れて中火にかけ、生姜の香りが立ってきたらひき肉を加えて色が変わるまで炒める。
3. おからを加えて全体を炒め、Aを注ぐ。煮汁が少なくなってふんわりとしてくるまで5〜7分ほど弱火で煮る。
4. ニラと白ごま、コショウを加え、さらに1分ほど混ぜながら加熱し、火を止める。

琺瑯（ほうろう）・ガラス・プラスティック・ファスナー付きポリ袋

保存容器の選び方

作りおきをする時には必ず必要になる保存容器。
それぞれの特徴や選び方をまとめました。

琺瑯容器 ❶ ❷

冷蔵庫の中で温度が低く保たれるためか、作りおきが長持ちするような気がします。電子レンジに使用できないのは難ですが、逆に直火やオーブンにかけられるのは非常に便利です。また、割れることもなく丈夫ですし、洗った時に油のぬるぬるが残りにくいのもいいですね。丸型❶だと、そのままテーブルに出してもお皿のようで見栄えがいいのも嬉しいです。

ガラス容器 ❸

中に入っているものが瞬時に分かるので、うっかり食べ残すことなどが減ります。また割れることはありますが、電子レンジにもかけられますし、耐熱ガラスだとオーブンなどに使えるものもあります。これも、洗った時に油のぬるぬるが残りにくいですね。

プラスティック容器 ❹

軽くてコンパクトにしまいやすく、レンジにもかけられるので便利です。洗った時に多少油が取れにくいことはありますが、気軽に買えるお値段ですので、ちょこちょこ取り替えることも可能です。

いずれの場合も、4人家族くらいであれば、800mlくらいの容量のものが便利です。

保存する時には、容器を洗剤で洗い、清潔な布巾かキッチンペーパーなどで拭いてから、作りおきおかずを入れてください。あれば、食品用のアルコールスプレーで拭いてからだとさらに安心。

また、おかずを取る時は、必ず清潔な箸を使うようにしてください。これに気をつけるだけで、保存期間はかなり延びます。

ファスナー付きポリ袋の使い方

作りおきおかずの保存は、ファスナー付きのポリ袋でも可能です。これだと、冷蔵庫の省スペースにもなって、たくさんのおかずを保存することができます。

また、少量の調味料に漬け込むものや、調味料をもみ込むようなものは、ファスナー付きのポリ袋の中に食材と調味料を一緒に入れれば、調理から保存までが洗い物もなくできます。

保存する時には、ポリ袋の中の空気をなるべく抜くようにすると長持ちします。

第**2**章

簡単にアレンジできるから
たくさん作っても飽きない！

変身作りおき

作っておけば、ひと手間加えるだけで
全く違うメニューに早変わり！
毎日使っても、誰も作りおきの
アレンジとは気づきません！
そんな変身レシピをお届けします。

鶏むね肉のしっとりソテー

和・洋・中
なんでも
アレンジ可

冷蔵：5日間
冷凍：2週間

材料（4人分）
鶏むね肉…2枚
（1枚 330 〜 350g くらいのもの）
塩…小さじ 1/2
オリーブオイル…大さじ 1

作り方
1. 鶏肉は皮を取り除き、余分な脂肪を切り取る。
2. 鶏肉の両面に塩をすり込み、室温で 15 分ほどおく。
3. フライパンにオリーブオイルを強めの中火で熱し、鶏肉を皮が付いていたほうから焼く。ふたをして 2 分ほど焼いたら裏返し、またふたをしてさらに 2 分ほど焼く。火を止めてそのまま 15 分おいて余熱で火を通す。
※保存容器に移す時は、蒸し汁も一緒にかけておく。鶏むね肉の切り分け方は、p.54 を参考に。熱を入れずに食べる時は、30 分前に冷蔵庫から出して室温で戻すか、電子レンジで 20 秒ほど温めて。

おもてなしに

和風柚子胡椒チキン

さっぱり
しょうゆ味

材料（2人分）
鶏むね肉のしっとリソテー…1枚
A
　柚子胡椒…小さじ1/2
　エキストラバージンオリーブオイル…大さじ1
　しょうゆ…小さじ1
　鶏むね肉の蒸し汁…大さじ1（あれば）

作り方
1. しっとリソテーは薄く切り分け、皿に盛る。
2. Aを混ぜ合わせてたれを作り、1にかける。

33

Arrange 2

普段のおかずに

粒マスタードチキン

さっぱり
塩味

材料（2人分）
鶏むね肉のしっとリソテー…1枚
サニーレタス…2枚
A ┌ エキストラバージンオリーブオイル…大さじ1
　│ 粒マスタード…小さじ1
　└ 鶏むね肉の蒸し汁…大さじ1（あれば）

作り方
1. しっとリソテーは薄く切り分け、サニーレタスと一緒に盛り付ける。
2. Aを混ぜ合わせてたれを作り、1にかける。

Arrange 3

副菜に

チキンサラダ すっぱ味

材料（2人分）
鶏むね肉のしっとリソテー…1/2枚
玉ねぎの酢漬け（p.72）…80g
パセリ…1枝（あれば）
エキストラバージンオリーブオイル…小さじ2
ブラックペパー…少々

作り方
1. しっとリソテーは薄く削ぎ切りにする。パセリはみじん切りにする。
2. しっとリソテーと玉ねぎの酢漬け、パセリを和え、オリーブオイルとブラックペパーを振る。

Arrange 4

お弁当に

鶏むね肉とブロッコリーのからしマヨ和え マヨ味

材料（1人分）
鶏むね肉のしっとリソテー…1/2枚
ゆでブロッコリーまたは
ブロッコリーのにんにく蒸し（p.80）…80g
A［からし…小さじ1/4
　マヨネーズ…大さじ1

作り方
1. しっとリソテーは薄く削ぎ切りにする。
2. しっとリソテーとブロッコリー、Aを和える。

Arrange 5

おつまみに

鶏むね肉のしっとリソテーチリマヨ添え マヨ味

材料（2人分）
鶏むね肉のしっとリソテー…1枚
万能ねぎ（小口切り）…少々
A［マヨネーズ…大さじ2
　スイートチリソース…大さじ2
　レモン汁…小さじ1

作り方
1. しっとリソテーは薄く削ぎ切りにする。Aを混ぜ合わせる。
2. しっとリソテーを盛り付け、万能ねぎをのせてAを添える。

Arrange 6

お昼ごはんに

鶏の春雨麺 エスニック味

材料（1人分）
鶏むね肉のしっとリソテー…1/2枚
カット乾燥春雨…40g
湯…300cc
フライドオニオン…小さじ1
ブラックペパー…少々
レモン（輪切り）…1枚
万能ねぎ（小口切り）…少々
A［ナンプラー…大さじ1
　塩…少々
　ごま油…小さじ1

作り方
1. 鍋に湯を沸かし、Aを入れて春雨を入れる。1分ほど煮たら火を止め、器に移す。
2. 薄く切り分けたしっとリソテーをのせて、レモン、万能ねぎ、フライドオニオンをトッピングし、ブラックペパーを振る。

ゆで鶏

冷蔵：5日間
冷凍：2週間

もちもちした食感が
中華などにベスト！

材料（4人分）
鶏むね肉…2枚
（1枚330〜350gくらいのもの）
水…800cc
塩…小さじ2
酒…大さじ2

作り方
1. 鶏肉は皮を取り除き、余分な脂肪を切り取る。室温で15分おく。
2. 鍋に分量の水を入れて火にかける。沸騰したら塩と酒を加える。
3. 1の鶏肉を2に入れ、30秒ほど中火でゆでてふたをして火を止める。そのまま1時間、ゆで汁の中でゆっくり冷ます。

※肉とゆで汁は別々に保存。鶏むね肉の切り分け方は、p.54を参考に。

Arrange 1 おもてなしに

ゆで鶏の花椒だれ添え

エスニック味

材料（2人分）
ゆで鶏…1枚
A
- 花椒パウダー…小さじ1〜
- 砂糖…大さじ1/2
- しょうゆ…大さじ1
- オイスターソース…小さじ1
- 米酢…大さじ1/2
- にんにく（みじん切り）…1/2片分
- 生姜（みじん切り）…1/2かけ分
- 長ねぎ（みじん切り）…5センチ分
- バターピーナッツ（粗みじん切り）
　…大さじ1/2
- 白ごま…大さじ1/2

作り方
1. Aのたれの材料を混ぜ合わせる。
2. ゆで鶏を薄く切り分け、皿に盛り付けて、たれをかける。

Arrange 2 副菜に

ゆで鶏の春雨サラダ

すっぱ味

材料（2人分）
ゆで鶏…1/2枚
カット乾燥春雨…40g
きゅうり…1本
にんじん…5センチ
カット乾燥わかめ…大さじ1
A
- 砂糖、しょうゆ、米酢…各小さじ2
- ごま油…小さじ1
- からし…小さじ1

作り方
1. ゆで鶏は細く切る。Aをボウルに入れてよく混ぜる。
2. 春雨は熱湯で戻す。きゅうりとにんじんは千切りにして塩もみし、さっと洗って絞る。
3. 材料をすべて和える（わかめは戻さずに入れてOK）。

Arrange 3 昼ごはんに

カオマンガイ

エスニック味

材料（3〜4人分）
ゆで鶏…1枚
米…2合
鶏のゆで汁…米2合分の分量
生姜…1かけ（千切り）
A
- みそ…大さじ1と1/2
- 酢…大さじ1
- 砂糖…大さじ1/2
- にんにく（すりおろし）…1/2片分
- 生姜（すりおろし）…1/2かけ分
- 豆板醤…小さじ1/2
パクチー、ピーナッツ…お好みで

作り方
1. 米は研いで30分ほどおき、鶏のゆで汁を米2合の分量になるように入れる。生姜を入れて炊飯する。Aを混ぜ合わせてたれを作る。
2. 炊き上がったらごはんをほぐし、盛り付ける。切り分けたゆで鶏をのせ、たれをかけ、パクチー、ピーナッツをお好みでのせる。

Arrange 4 副菜に

チョップドサラダ

マヨ味

材料（2人分）
ゆで鶏…1/2枚
じゃがいも、ゆでブロッコリー（またはp.80のブロッコリーのにんにく蒸し）、ミックスビーンズなど…適量
A
- マヨネーズ…大さじ2
- ケチャップ…大さじ1
- レモン汁…小さじ1
- 塩、コショウ…各少々

作り方
1. ゆで鶏は2センチ角に切る。じゃがいもも同じ大きさに切り、水にくぐらせて耐熱容器に入れ、ふんわりとラップをかけ電子レンジで2分加熱する。ブロッコリーも他の材料と同じ大きさに刻む。
2. ボウルに1とミックスビーンズを入れ、Aで和える。

Arrange 5 お弁当に

チキンサンドウィッチ

マヨ味

材料（1人分）
ゆで鶏…1/2枚
からし…小さじ1/2
マヨネーズ…大さじ2
レタス…2枚
食パン（8枚切り）…2枚

作り方
1. 食パンは、内側になる部分にからしとマヨネーズを塗る。
2. レタスをおき、薄く切ったゆで鶏を並べてパンで挟み、しばらくラップで包んでおく。
3. 食べやすいように半分に切って盛り付ける。

Arrange 6 普段のおかずに

バンバンジー
棒棒鶏

マヨ味

材料（2人分）
ゆで鶏…1枚
トマト…2個
万能ねぎ（小口切り）…お好みで
A
- マヨネーズ…大さじ1
- 砂糖…大さじ1/2
- しょうゆ…大さじ1/2
- すりごま…大さじ1
- 米酢…大さじ1/2

作り方
1. Aを混ぜ合わせて、ごまだれを作る。ゆで鶏は細く切る。
2. トマトは薄切りにして皿に並べ、ゆで鶏を盛り付け、Aをかける。お好みで、万能ねぎを散らす。

グリルチキン

香ばしいから
パンチのある
アレンジに最適

材料（4人分）
鶏もも肉…2枚（1枚300gくらいのもの）
塩、ブラックペパー…各たっぷり
オリーブオイル…大さじ1

作り方
1. 鶏肉は余分な脂肪を切り取って厚みを均一にし、皮目をフォークでつつく。全体にたっぷりめに塩とブラックペパーを振り、オリーブオイルを振りかけて手でなじませる。
2. アルミホイルに**1**の鶏肉の皮を上にしてのせ、魚焼きグリルで10分（水なし両面焼きグリルの場合）加熱する。
3. アルミホイルで包み、余熱で5分おく。

朝ごはんに

グリルチキン粥 `さっぱり塩味`

材料（2人分）
グリルチキン…1/2 枚
ごはん…1 膳分
水…400cc
パクチー、搾菜、ラー油など…お好みで

作り方
1. グリルチキンは 1 センチ角に切る。
2. ごはんと水、グリルチキンを鍋に入れて火にかける。常にかき混ぜながら加熱し、とろみがついてきたら火を止め、器に盛り付ける。お好みでパクチーや搾菜、ラー油などをトッピングしていただく。

おつまみに

生春巻き `エスニック味`

材料（2本分）
グリルチキン…1/2 枚
生春巻きの皮…2 枚
キムチ…50g
クリームチーズ（個包装のもの）…2 個
サニーレタス…2 枚

作り方
1. グリルチキンは細く切る。クリームチーズも 3 等分に切る。
2. 生春巻きの皮は水にさっとくぐらせてまな板の上に広げ、サニーレタス、グリルチキン、キムチ、クリームチーズを具にして巻く。
3. 食べやすく切って盛り付ける。

昼ごはんに

グリルチキンのレンチンケチャップライス `トマト味`

材料（1人分）
グリルチキン…1/2 枚
ごはん…1 膳分
フライドオニオン…大さじ 1
A ┌ ケチャップ…大さじ 2
  │ 塩、こしょう…各少々
  └ バター…10g
パセリ…少々（あれば）

作り方
1. グリルチキンは 1 センチ角に切る。
2. クッキングシートを 30 センチ四方に切り取り、ごはん、グリルチキン、フライドオニオン、A の順にのせる。キャンディー包みにし、電子レンジで 2 分半加熱する。取り出し、よく混ぜる。あればパセリのみじん切りを散らす。

普段のおかずに

グリルチキンのエスニックだれ `エスニック味`

材料（2人分）
グリルチキン…1 枚
サニーレタス…2 枚
A ┌ 米酢…大さじ 3
  │ 砂糖…大さじ 1/2
  │ 塩…小さじ 1/2
  │ 豆板醤…小さじ 1/2
  │ はちみつ…大さじ 1/2
  │ にんにく（すりおろし）…1/2 片分
  │ 青ねぎ（小口切り）…1 本分
  │ 水…大さじ 2
  └ バターピーナッツ（粗みじん切り）
              …大さじ 1（あれば）

作り方
1. グリルチキンは食べやすく切り分け、サニーレタスと一緒に盛り付ける。
2. A を混ぜ合わせ、1 に添える。

豚ひれのオイル漬け

冷蔵：5日間
冷凍：2週間

ヘルシーな豚ひれ肉が
しっとりやわらか

材料（4人分）
豚ひれ肉…600g
酒…大さじ1
塩…小さじ1
A ┌ 粒マスタード…小さじ2
  │ エキストラバージンオリーブオイル…大さじ2
  └ あらびきガーリック…少々

作り方
1. 豚ひれ肉は全体に塩をまぶして室温で15分ほどおく。
2. 耐熱容器に入れ、酒を振りかける。ふんわりとラップをかけ、電子レンジで5分加熱し、裏返して2分加熱する。
3. 厚手のポリ袋にAを入れて2の肉を漬け込み、冷めるまでおいて味をなじませる。

Arrange
1

おもてなしに

豚ひれの
チーズマッシュポテト添え

マヨ味

材料（2人分）
豚ひれのオイル漬け…200g
じゃがいも…1個
塩…少々
スライスチーズ…1枚
牛乳…大さじ2
マヨネーズ…大さじ1

作り方
1. 豚ひれのオイル漬けは1センチの厚みに切る。
2. じゃがいもは皮をむいて1センチの厚みに切り、水にくぐらせて耐熱容器に入れる。ふんわりとラップをかけて電子レンジで2分半加熱する。串がスッと通るようになっていたら熱いうちにフォークで潰して塩、スライスチーズ、牛乳、マヨネーズを混ぜる。豚ひれのオイル漬けと一緒に盛り付ける。

Arrange
2

副菜に

ほうれん草と
豚ひれの和え物

さっぱり
しょうゆ味

材料（2人分）
豚ひれのオイル漬け…100g
ほうれん草…1/2束
A〔漬け汁…大さじ2
　しょうゆ…小さじ1〕

作り方
1. 豚ひれのオイル漬けは細切りにする。ほうれん草はラップに包んで電子レンジで40秒加熱し、冷水にとって4センチ長さに切って絞る。
2. ボウルに豚ひれとほうれん草、Aを入れて和える。

Arrange
3

おつまみに

ピンチョス

さっぱり
塩味

材料（4個分）
豚ひれのオイル漬け…50g
種なしオリーブ…2粒
クリームチーズ（個包装のもの）…2個
イタリアンパセリ…あれば

作り方
1. 豚ひれのオイル漬けは食べやすく切る。クリームチーズは半分に切り、オリーブも半分に切る。
2. 豚ひれ、クリームチーズ、オリーブの順に楊枝に刺す。これを4本作る。イタリアンパセリを飾る。

Arrange
4

副菜に

豚ひれとフレッシュトマトと
バジルのマヨサラダ

マヨ味

材料（2人分）
豚ひれのオイル漬け…150g
トマト…1個
バジル…1枝
A〔マヨネーズ…大さじ1
　漬け汁…大さじ1
　レモン汁…大さじ1/2
　はちみつ…小さじ1〕

作り方
1. 豚ひれのオイル漬け、トマトは2センチ角に切る。
2. ボウルにAを入れて混ぜ、1の豚ひれとトマトを加えて和える。バジルをちぎって散らす。

さんまのオイル煮

冷蔵：1週間
冷凍：2週間

魚介のオイル煮が
あるとレシピの
幅が広がる

材料（作りやすい分量）
さんま…4尾
塩…適量
にんにく…1片
オリーブオイル…100cc
鷹の爪…1本（あれば）
ローリエ…2枚（あれば）

作り方
1. さんまは3枚におろして半分の長さに切り、バットに並べて両面に塩を振る。このまま15分ほどおき、キッチンペーパーで挟んで表面に出てきた水分をしっかり拭き取る。にんにくは薄切りに、鷹の爪は半分に切って種を取る。
2. 鍋に1のさんまとにんにくを並べ、オリーブオイルを注ぐ。鷹の爪とローリエ（折り目を付けて使用）をのせて、ふたをして弱火にかける。時折様子を見ながら15分ほど弱火で煮る。火を止め、そのまま粗熱が取れるまで置き、保存容器に移す。

＊さんま以外にも、あじ、かきなどでも作れます。

さんまのバゲットのせ

Arrange 1 おもてなしに さっぱり塩味

材料（2人分）
さんまのオイル煮…2枚
バゲット…4切れ
ミニトマト…4個
塩…少々
エキストラバージンオリーブオイル…小さじ2
バジル…1枝（あれば）
クリームチーズ…適量

作り方
1. さんまは2等分に切る。ミニトマトは刻んで塩とオリーブオイル、刻んだバジルを混ぜる。
2. バゲットはクリームチーズをのせてトースターで軽く焼く。温かいうちにクリームチーズをスプーンの背で伸ばし、その上に1のトマトとさんまをのせる。

さんまのボリュームサラダ

Arrange 2 おつまみに さっぱり塩味

材料（2人分）
さんまのオイル煮…2枚
じゃがいも…2個
玉ねぎの酢漬け（p.72）…80g
ゆでブロッコリーまたはブロッコリーのにんにく蒸し（p.80）…1/4房
A ［ 塩、ブラックペッパー…各少々
　　エキストラバージンオイル、粉チーズ…各大さじ1

作り方
1. さんまは3センチ長さに切る。じゃがいもは1センチ角に切って水にくぐらせ、耐熱容器に入れてふんわりとラップをかけ、電子レンジで2分半加熱する。これと玉ねぎの酢漬け、ブロッコリー、Aとさんまを混ぜる。

さんまの混ぜごはん

Arrange 3 おもてなしに さっぱりしょうゆ味

材料（2人分）
さんまのオイル煮…2枚
しょうゆ…小さじ1
温かいごはん…2膳分
大葉…5枚
みょうが…1個

作り方
1. さんまは2センチ長さに切る。大葉は千切り、みょうがは斜め薄切りにする。
2. ボウルに温かいごはんと1のさんまとしょうゆ、みょうがを入れて、さんまを崩しながら混ぜる。器に盛り付け、大葉をのせる。

さんまのパスタ

Arrange 4 昼ごはんに さっぱり塩味

材料（1人分）
さんまのオイル煮…4枚
スパゲティ…100g
水菜…1/4束
オイル煮の汁…大さじ2
スパゲティのゆで汁…大さじ2くらい
塩、ブラックペッパー…各少々

作り方
1. さんまは2センチ幅に切る。水菜は4センチ長さに切る。
2. スパゲティを袋の表示よりも1分短めにゆで（ゆで汁を少々取り分けておく）、ざるにあけて水気を切って再び鍋に戻す。
3. オイル煮の汁とゆで汁、水菜、さんまを入れて和え、塩、ブラックペッパーで味を調える。

普段のおかずに

さんまのじゃがいも炒め

さっぱりしょうゆ味

材料（2人分）
さんまのオイル煮…4枚
じゃがいも…2個
バター…10g
しょうゆ…小さじ1
ブラックペッパー…少々
万能ねぎ（小口切り）…小さじ2

作り方
1. じゃがいもは1センチの厚みに切って水にくぐらせ、耐熱容器に入れてふんわりとラップをかけ、電子レンジで2分半加熱する。
2. フライパンにバターとじゃがいもを並べ、中火でこんがりと焼く。両面に焦げ目がついたらさんまを入れてさっと炒め、しょうゆを垂らしてブラックペッパーを振る。器に盛って万能ねぎを散らす。

塩豚

冷蔵：5日間
冷凍：2週間

味変え
アレンジが
簡単！

材料（作りやすい分量）
豚肩ロース…400g
塩…小さじ1

作り方
1. 豚肉は全体をフォークでつついて穴をあけ、塩をすり込む。
2. 耐熱容器に入れてふんわりとラップをかけ、電子レンジで4分加熱する。裏返して2分加熱し、そのまま乾燥しないようにラップをかけて手で触れられるようになるまで放置する。

Arrange 1

お昼ごはんに
炙り塩豚丼
（あぶ）
`さっぱり しょうゆ味`

材料（2人分）
塩豚…100g（スライスして8〜10枚に）
卵…2個
サラダ油…少々
ごはん…2膳分
ブラックペッパー…少々
しょうゆ…お好みで
万能ねぎ（小口切り）…お好みで

作り方
1. フライパンにサラダ油をひいて卵を割り入れ、半熟の目玉焼きを作って取り出す。
2. 同じフライパンにスライスした塩豚を並べ、両面を軽く焼く。
3. 器にごはんを盛り、炙り塩豚と目玉焼きをのせ、ブラックペッパーを振る。お好みで万能ねぎを散らし、しょうゆを垂らしていただく。

Arrange 2 `普段のおかずに`

塩豚のキムチ炒め
`エスニック味`

材料（2人分）
塩豚（端の部分）…80g
キムチ…50g
卵…2個
マヨネーズ…大さじ1
キャベツの葉…3枚
ごま油…大さじ1
かつおぶし…ひとつまみ
しょうゆ…小さじ1
万能ねぎ（小口切り）…お好みで

作り方
1. キャベツは一口大に切る。塩豚は1センチ幅に切る。ボウルに卵を割りほぐしてマヨネーズを混ぜる。
2. フライパンにごま油をひいて熱し、1の卵を流し入れて大きくかき混ぜ、半熟になったらボウルに戻す。
3. 空いたフライパンでキャベツをさっと炒める。塩豚とキムチも加えてさらに炒め、2の卵を戻し入れ、仕上げにしょうゆを振ってかつおぶしとお好みで万能ねぎを混ぜる。

Arrange 3 `おもてなしに`

塩豚の サムギョプサル風
`さっぱり 塩味`

材料（2人分）
塩豚…150g（スライスして8〜10枚に）
サンチュ…8枚
コチュジャン、キムチなど…各適量

作り方
1. サンチュにスライスした塩豚、キムチ、コチュジャンなどを巻いて食べる。

Arrange 4 `おつまみに`

豚の香りしょうゆ漬け
`さっぱり しょうゆ味`

材料（2人分）
塩豚…120g（スライスして8〜10枚に）
ゆで卵…2個
A［ しょうゆ…大さじ1
　　 紹興酒…大さじ1
万能ねぎ（小口切り）…お好みで

作り方
1. Aを耐熱容器に入れてレンジで20秒ほど加熱する。
2. スライスした塩豚とゆで卵を、Aと一緒にポリ袋に入れて味をなじませる。卵は半分に切り、豚肉と一緒に盛りつけ、お好みで万能ねぎを散らす。

ヘルシーゆで肉団子

脂が落ちているから
あっさりして使いやすい

冷蔵：5日間
冷凍：2週間

材料（直径3センチ大くらいで40個分）
鶏ひき肉…400g
厚揚げ…1丁（200g）
A ┌ 卵…1個
　│ 片栗粉…大さじ4
　│ 塩…小さじ1
　│ 酒…大さじ1
　└ コショウ…少々

作り方
1. 大きな鍋に湯を沸かす。
2. ボウルに鶏ひき肉と厚揚げを入れて手でよく潰しながら混ぜる。
3. Aを加えてさらに手でこね混ぜる。手を水にぬらしてこれを直径3センチ大くらいに丸め、沸騰した1の鍋に入れていく。最後の肉団子を入れて5分沸騰させ、火を止めてそのままゆで汁の中で1時間ほど冷ます。
4. 水気を切り、保存袋に入れて冷蔵、または冷凍で保存する。ゆで汁も別に冷蔵または冷凍で保存する。

Arrange 1 おつまみに

肉団子の甘酢あんかけ

コク旨甘辛味

材料（2人分）
ヘルシーゆで肉団子…8〜10個
玉ねぎ…1/2 個
サラダ油…小さじ 1
A［オイスターソース…大さじ 1
　米酢…大さじ 1
　砂糖…大さじ 1
　しょうゆ…大さじ 1/2

作り方
1. 玉ねぎはくし形に切る。
2. フライパンにサラダ油をひいて熱し、玉ねぎを炒める。全体に油が回ったら肉団子も入れて炒め、A を加えて水分が少なくなって照りよくなるまで炒め煮にする。

Arrange 2 普段のおかずに

肉団子の照り焼き

コク旨甘辛味

材料（2人分）
ヘルシーゆで肉団子…8〜10個
キャベツの葉…4枚
A［みりん、しょうゆ、酒…各大さじ 2
　砂糖…大さじ 1

作り方
1. キャベツは 2 センチ幅に切って電子レンジで 1 分加熱する。
2. 小鍋に A を入れて肉団子を入れる。中火で絡めながら加熱する。キャベツと一緒に盛り付ける。食べる時にざっくりと和える。

Arrange 3 お弁当に

肉団子のケチャップ炒め

トマト味

材料（2人分）
ヘルシーゆで肉団子
　　　…8〜10個
玉ねぎ…1/2 個
ピーマン…2 個
サラダ油…小さじ 1
A［ケチャップ…大さじ 4
　しょうゆ…小さじ 1
　バター…10g

作り方
1. 玉ねぎはくし形に、ピーマンは一口大に切る。
2. フライパンにサラダ油をひき、玉ねぎとピーマンを炒める。全体に油が回ったら肉団子も加えて炒め、A を入れて全体に絡める。

Arrange 4 副菜に

肉団子とチンゲン菜の春雨スープ

さっぱり塩味

材料（2人分）
ヘルシーゆで肉団子…6 個
チンゲン菜　1 株
カット乾燥春雨…20g
A［水（またはゆで汁）…400cc
　酒…大さじ 1
　塩…小さじ 1/2
　しょうゆ…小さじ 1
　ごま油…小さじ 1

作り方
1. チンゲン菜は食べやすく切る。
2. 鍋に肉団子と A、チンゲン菜を入れて中火で煮立てる。春雨を入れて弱火にし、2 分ほど煮る。

Arrange 5 普段のおかずに

肉団子の野菜あん

さっぱりしょうゆ味

材料（2人分）
ヘルシーゆで肉団子…8〜10個
にんじん…1/4 本（50g）
玉ねぎ…1/4 個
ピーマン…1 個
A［水…150cc
　酒、みりん…各大さじ 1
　しょうゆ…大さじ 2
水溶き片栗粉…適量

作り方
1. にんじん、玉ねぎ、ピーマンはそれぞれ細切りにする。
2. 鍋に A と 1 を入れて中火にかける。煮立ったら肉団子を入れて温め、水溶き片栗粉でとろみをつける。

Arrange 6 普段のおかずに

肉団子の八宝菜

さっぱり塩味

材料（2人分）
ヘルシーゆで肉団子…6 個
玉ねぎ…1/4 個
にんじん…1/4 本（50g）
白菜…1/8 玉
生姜（すりおろし）…小さじ 1/2
ゆでうずら卵…4 個（あれば）
ごま油…小さじ 2
A［水（またはゆで汁）…200cc
　オイスターソース…大さじ 1
　砂糖…小さじ 1
　しょうゆ…小さじ 1
　紹興酒（または酒）…小さじ 1
　塩…少々
水溶き片栗粉…適量

作り方
1. 玉ねぎ、にんじんは薄切りにする。白菜はざく切りにする。
2. フライパンに野菜と肉団子を入れてごま油を回しかけ、炒める。全体に油が回ったらゆでうずら卵と A を加えて煮立て、生姜を加え、水溶き片栗粉でとろみをつける。

塩そぼろ

シンプルだから
いろいろ使える

材料（作りやすい分量）
豚ひき肉…400g
A
　にんにく（すりおろし）…1片分
　生姜（すりおろし）…1かけ分
　酒…大さじ2
　塩…小さじ1
　しょうゆ…小さじ1

作り方
1. 鍋に湯を沸かし、ひき肉を入れて色が変わったらざるにあける。
2. 1を鍋に戻し、Aを入れて火にかける。水気がなくなるまで炒り煮にする。

レンチンチャーハン

お昼ごはんに
さっぱり
塩味

材料（1人分）
塩そぼろ…大さじ2
ごはん…1膳分
青ねぎ（小口切り）…少々
卵…1個
マヨネーズ…大さじ1

作り方
1. クッキングシートを30センチ四方に切り取り、くしゃくしゃに丸めて広げる。
2. シートに卵を割り入れ、塩そぼろ、マヨネーズを入れてよく混ぜる。ごはんを入れて軽く混ぜ、キャンディー包みにする。
3. 電子レンジで3分加熱し、取り出してよく混ぜる。青ねぎを散らす。

塩そぼろ丼

お昼ごはんに
さっぱり
塩味

材料（2人分）
塩そぼろ…大さじ4
レタス…4枚
温泉卵…2個
ごはん…2膳分
しょうゆ…お好みで

作り方
1. レタスは手でちぎる。塩そぼろは電子レンジで30秒ほど温め、レタスとざっくり和える。
2. どんぶりにごはんを盛り、1を盛り付け、温泉卵をのせる。お好みでしょうゆを垂らす。

じゃがいも煮

お弁当に
さっぱり
しょうゆ味

材料（2人分）
塩そぼろ…大さじ2
じゃがいも…2個
しょうゆ…大さじ1
水…大さじ2

作り方
1. じゃがいもは皮をむいて一口大に切り、水にくぐらせる。
2. 耐熱容器に1のじゃがいもと塩そぼろ、しょうゆ、水を入れてふんわりとラップをかけ、電子レンジで4分半加熱する。

レンチン野菜炒め

普段のおかずに
さっぱり
しょうゆ味

材料（2人分）
塩そぼろ…大さじ2
もやし…1袋
片栗粉…小さじ1
ニラ…1/2束
ごま油…小さじ2
しょうゆ…小さじ1
コショウ…少々

作り方
1. ニラは4センチ長さに切る。
2. 耐熱皿にもやしを入れて片栗粉を振りかけ、手でざっくりと混ぜて全体に粉をまぶす。塩そぼろとニラをのせ、ごま油を振りかけてふんわりとラップをかける。電子レンジで4分加熱し、仕上げにしょうゆとコショウを加えて混ぜる。

キャベツのキーマカレー

お昼ごはんに
カレー味

材料（1人分）
塩そぼろ…大さじ2
キャベツの葉…3枚
カレー粉…小さじ1
薄力粉…小さじ1
バター…10g

作り方
1. キャベツは3センチ角に切る。耐熱容器にキャベツと塩そぼろ、薄力粉とカレー粉を入れて軽く混ぜ、バターをのせてふんわりとラップをかける。
2. 電子レンジで3分加熱する。取り出してよく混ぜる。

辛くない麻婆豆腐

普段のおかずに
さっぱり
しょうゆ味

材料（2人分）
塩そぼろ…大さじ4
豆腐…1丁（300g）
ニラ…1/2束
水…150cc
酒…大さじ1
しょうゆ…大さじ1と1/2
水溶き片栗粉…適量
ごま油…小さじ1
花椒パウダー…お好みで

作り方
1. ニラは1センチ長さに刻む。
2. 鍋に食べやすく切った豆腐と水、塩そぼろを入れて火にかける。煮立ってきたら酒、しょうゆとニラを加えて水溶き片栗粉でとろみをつけ、ごま油を回しかける。お好みで花椒パウダーを振る。

レンチンホワイトソース

冷蔵：5日間
冷凍：2週間

レンジで
できるから
超お手軽

材料（作りやすい分量）
バター…20g
薄力粉…大さじ4
牛乳…500cc
塩…小さじ1/4
コショウ…少々

作り方
1. 耐熱ボウルにバターを入れ、電子レンジで20秒加熱する。薄力粉を入れてホイッパーで混ぜ、少しずつ牛乳を入れながら、さらに混ぜる。
2. ふんわりとラップをかけ、レンジで5分加熱する。取り出してホイッパーでかき混ぜ、さらに3分加熱する。とろみがついてきたら塩、コショウで味を調える。

Arrange 1

お昼ごはんに

うどん入り明太クリームグラタン
さっぱり塩味

材料（1人分）
レンチンホワイトソース
　…1/2カップ
冷凍うどん…1人分
明太子…1/2腹
ウインナーソーセージ
　…2本
しょうゆ…小さじ1
粉チーズ…大さじ3

作り方
1. 明太子は皮を取ってほぐす。
2. クッキングシートを30センチ四方に切り取り、冷凍うどんをのせる。この上にしょうゆを振り、ホワイトソースをかけてキャンディー包みにする。
3. 電子レンジで3分加熱し、取り出して明太子を加えてよく混ぜる。
4. 3を耐熱容器に入れ、ウインナーを並べて粉チーズを振りかけ、トースターで表面にこんがりと焦げ目がつくまで焼く。

Arrange 2

朝ごはんに

クリーミーチーズフォンデュトースト
さっぱり塩味

材料（1人分）
レンチンホワイトソース…大さじ1～2
食パン（4枚切り）…1枚
ウインナーソーセージ…2本
ピザ用チーズ…大さじ2

作り方
1. 食パンは端を1センチくらい残して内側をスプーンで潰して器のような形にする。
2. 器になった部分にウインナーを入れ、ホワイトソースをかけ、その上にピザ用チーズをのせる。アルミホイルにのせ、トースターで5～10分ほど様子を見ながら焼く。

Arrange 3

普段のおかずに

厚揚げのクリーム詰め焼き

マヨ味

材料（2人分）
レンチンホワイトソース…大さじ2
厚揚げ（小）…4個
しょうゆ…小さじ1
マヨネーズ…少々
万能ねぎ（小口切り）…お好みで

作り方
1. 厚揚げは周りを1センチくらい残して中身をくり抜く。
2. 1のくり抜いた中身とホワイトソースをよく混ぜ、くり抜いたところに詰めて表面にマヨネーズをかける。
3. アルミホイルにのせてトースターで5分ほど焼く。お好みで万能ねぎをのせ、食べる時にしょうゆを垂らす。

Arrange 4

お弁当に

ほうれん草の
キッシュ風玉子焼き

さっぱり
塩味

材料（2人分）
レンチンホワイトソース…大さじ2
卵…3個
ほうれん草…1/4束
ベーコン…1枚
塩、コショウ…各少々
オリーブオイル…大さじ1

作り方
1. ほうれん草は2センチ長さに切る。ベーコンは5ミリ幅に切る。
2. ボウルに卵を割り入れ、1のほうれん草とベーコン、ホワイトソース、塩、コショウを入れてよく混ぜる。
3. 卵焼き器にオリーブオイルをひいて中火で熱し、2を流し入れる。大きくかき混ぜて半熟状になってきたら弱火にして触らずにそのままおき、裏面がかたまるのを待つ。
4. 裏面がかたまったら2つ折りにして焼き、食べやすく切り分けて盛り付ける。

レンチントマトソース

冷蔵：5日間
冷凍：2週間

お手軽なのに
複雑な味

材料（作りやすい分量）
ダイスカットトマト缶…1缶
にんにく（みじん切り）…1片分
鷹の爪（小口切り）…ひとつまみ
オリーブオイル…大さじ2
フライドオニオン…大さじ2
塩…小さじ1/2
メイプルシロップ…小さじ1
コショウ…少々

作り方
1. 耐熱ボウルににんにくと鷹の爪、オリーブオイルを入れて電子レンジで20秒加熱する。
2. ここへトマト缶とフライドオニオンを入れて混ぜ、塩を加える。ラップをせずにレンジで3分加熱する。
3. 取り出してかき混ぜ、さらに2分加熱する。メイプルシロップ、コショウを加えて味を調える。

Arrange 1

普段のおかずに

チーズとトマトのオムレツ
トマト味

材料（2人分）
レンチントマトソース…大さじ3
卵…3個
レンチンホワイトソース（p.50）…大さじ3
クリームチーズ（個包装のもの）…2個
バター…20g

作り方
1. クリームチーズは1センチ角に切る。ボウルに卵を割り入れ、ホワイトソースとクリームチーズを入れてよく混ぜる。
2. フライパンにバターを入れて中火にかける。1を流し入れて大きくかき混ぜ、半熟になってきたら片側に寄せてひっくり返し、オムレツの形を整えて皿に移す。
3. トマトソースをかける。

Arrange 2

おもてなしに

豚肉のソテー トマトソース
トマト味

材料（2人分）
レンチントマトソース…大さじ2
豚薄切り肉（ロースなど）…6枚
大葉…6枚
クリームチーズ（個包装のもの）…3個
塩、コショウ…各少々
薄力粉…大さじ2
サラダ油…少々

作り方
1. クリームチーズは2等分する。
2. 豚肉は広げて大葉とクリームチーズをのせて巻く。軽く塩、コショウを振って薄力粉をまぶす。
3. フライパンにサラダ油をひいて熱し、2を巻き終わりを下にして並べる。転がしながら全体がきつね色になるまで焼いたら皿に盛り付け、トマトソースをかける。

Arrange 3

おつまみに

さんまのトマト煮込み

トマト味

材料（2人分）
レンチントマトソース…1/2カップ
さんま…2尾（3枚におろす）
塩、コショウ…各少々
薄力粉…大さじ1
ブラックオリーブ…5粒くらい
オリーブオイル…大さじ1

作り方
1. さんまは半分の長さに切り、塩、コショウを振って薄力粉をまぶす。ブラックオリーブは半分に切る。
2. フライパンにオリーブオイルをひいて中火にかける。1のさんまを両面こんがりと焼き、トマトソースとブラックオリーブを入れて5分ほど煮る。

Arrange 4

お昼ごはんに

シンプルトマトパスタ

トマト味

材料（1人分）
レンチントマトソース…1/2カップ
スパゲティ…100g
ベーコン…1枚
エキストラバージンオリーブオイル…少々
クリームチーズ（個包装のもの）…1個
バジル…あれば

作り方
1. ベーコンは1センチ幅に切る。クリームチーズは1センチ角に切る。
2. フライパンにベーコンを入れて軽く炒め、トマトソースを入れて温める。
3. スパゲティは袋の表示より1分短めにゆでてざるにあけ、2に入れてよく混ぜる。
4. 器に盛り付け、オリーブオイルを振りかけクリームチーズをのせる。あればバジルなどをのせる。

コラム②

しっとりやわらかな食感になる！

鶏むね肉の簡単カット法

値段もお手頃でヘルシーでおいしいむね肉。
繊維を断ち切ることで、やわらかく食べやすい食感に！

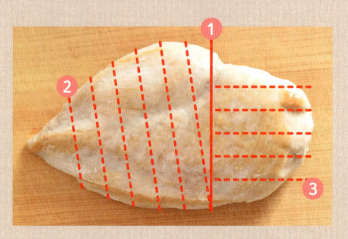

1 まず、**1**の線のところで、2つにカットします。

2 左側を包丁を斜めに倒して、削ぐようにして薄くカットしていきます。

3 右側は90°回転させて、縦に垂直にカットしていきます。

第3章

アレンジしたい派にも
すぐに食べたい派にも！

野菜1品でできる
作りおき60

「副菜を作るのが面倒くさい！」そんなあなたに
野菜1品＋αでできる作りおきを60品紹介。
あとでアレンジしやすいシンプルな作りおきと
すぐに食べられるように味をしっかりつけた作りおき。
お好みに合わせて選んでくださいね。

かぼちゃ
pumpkin

シンプル
作りおき

かぼちゃの塩オイル蒸し

冷蔵：5日間
冷凍：2週間

材料（作りやすい分量）
かぼちゃ…1/2個
塩…小さじ2/3
オリーブオイル…大さじ1
水…100cc

作り方
1. かぼちゃは3センチ角くらいに切り、鍋に入れる。塩をまんべんなく振り、オリーブオイルを回しかけて水を注ぐ。
2. ふたをして中火にかけ、5分加熱する。ふたを斜めにずらして、さらに5分加熱し、水分がほとんどなくなるまで蒸し煮にする。
＊さつまいもでもできます。

Arrange

かぼちゃの
ハニーサラダ
マヨ味

材料（2人分）
かぼちゃの塩オイル蒸し…250〜300g
はちみつ、マヨネーズ…各適量
レーズン…お好みで

作り方
1. 器にかぼちゃを盛り、はちみつをかける。その上からマヨネーズを細く絞り、お好みでレーズンを散らす。

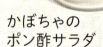

かぼちゃの
ポン酢サラダ
すっぱ味

材料（2人分）
かぼちゃの塩オイル蒸し…250〜300g
フライドオニオン…大さじ1
ポン酢…大さじ2

作り方
1. 器にかぼちゃを盛り、ポン酢をかけてフライドオニオンをのせる。

かぼちゃの
マスカルポーネサラダ
コク旨
甘辛味

材料（2人分）
かぼちゃの塩オイル蒸し…250〜300g
レーズン…大さじ1
マスカルポーネチーズ…50g
メイプルシロップ…小さじ1

作り方
1. 材料をすべて混ぜ合わせる。

かぼちゃのバルサミコマリネ

すっぱ味 | 冷蔵：5日間 / 冷凍：2週間

材料（4人分）
かぼちゃ…1/4個
オリーブオイル…大さじ3
A［ バルサミコ酢、メイプルシロップ、しょうゆ
　　　　　　　…各大さじ1
　 あらびきガーリック…少々

作り方
1. かぼちゃは1センチくらいの厚みに切り、食べやすい長さに切り分ける。
2. フライパンにかぼちゃを並べ、オリーブオイルを回しかけて中火にかける。オイルが行き渡るようにフライパンを回し、片面に焼き色がついてきたら裏返しながらじっくり揚げ焼きにする。
3. バットにAを合わせ、焼き上がった2のかぼちゃを絡める。
＊さつまいもでもできます。

かぼちゃのみたらしバター煮

コク旨 / 甘辛味 | 冷蔵：5日間 / 冷凍：2週間

材料（4人分）
かぼちゃ…1/4個
砂糖…大さじ2〜3
塩…小さじ1/3
水…150cc〜（かぼちゃの半分くらいが
　　　　　　　　　浸かっていればOK）
しょうゆ…小さじ1
バター…10g

作り方
1. かぼちゃは皮をところどころむいて食べやすい大きさに切り、皮を下にして鍋に並べる。
2. 砂糖、塩、水を入れて火にかける。ふたを斜めにずらし、かぼちゃに火が通るまで7分ほど煮る。
3. 煮汁が少なくなってきたら、しょうゆとバターを加えて煮汁がほぼなくなるまで、ふたを取って煮詰める。
＊さつまいもでもできます。

かぼちゃの甘辛

コク旨 / 甘辛味 | 冷蔵：5日間 / 冷凍：2週間

材料（4人分）
かぼちゃ　1/4個
片栗粉…適量
サラダ油…大さじ3
A［ 水…大さじ1
　 砂糖…大さじ2
　 しょうゆ…大さじ1/2
　 豆板醤…小さじ1
白ごま…大さじ1

作り方
1. かぼちゃは5ミリくらいの薄切りにする。ポリ袋に片栗粉と共に入れて振り混ぜ、全体に粉をまぶす。
2. フライパンにサラダ油をひいて中火にかけ、1のかぼちゃを並べて両面焼く。
3. 2の余分な油をキッチンペーパーで拭き取り、Aを流し入れて全体によく絡める。仕上げに白ごまを振る。
＊さつまいも、ごぼうなどでもできます。

きのこ
mushroom

シンプル作りおき

塩蒸しきのこ

冷蔵：10日間
冷凍：3週間

材料（作りやすい分量）
しめじ…2パック
えのき…大1袋（200g）
塩…小さじ1
酒…大さじ2
オリーブオイル…大さじ1

作り方
1. きのこ類は石づきを取って食べやすく切り分ける（しめじは小房に分け、えのきは3センチ長さに切る）。
2. 鍋にきのこと塩、酒を入れてふたをして中火にかける。時折かき混ぜながらきのこに火を通し、しんなりしてきたらオリーブオイルを加えてひと混ぜして火を止める。
＊お好みのきのこでできます。

Arrange

きのこ汁

さっぱり
しょうゆ味

材料（2人分）
塩蒸しきのこ…大さじ2くらい
水…300cc
しょうゆ…小さじ1

作り方
1. 塩蒸しきのこと水を鍋に入れて温める。
2. 仕上げにしょうゆを加え、火を止める。

柚子きのこの混ぜごはん

さっぱり
塩味

材料（2人分）
塩蒸しきのこ…1/2カップくらい
温かいごはん…2膳分
柚子胡椒…小さじ1/2
白ごま…小さじ1

作り方
1. 温かいごはんと塩蒸しきのこ、柚子胡椒を混ぜる。白ごまをふる。

きのこの洋風冷奴

さっぱり
塩味

材料（2人分）
塩蒸しきのこ…大さじ2くらい
豆腐…1/2丁
ブラックペパー…少々
エキストラバージンオリーブオイル…少々

作り方
1. 豆腐は食べやすく切り、塩蒸しきのこをのせる。ブラックペパー、エキストラバージンオリーブオイルを振りかける。

すぐに
食べたい派に

しめじのナムル

さっぱり
塩味

冷蔵：5日間
冷凍：2週間

材料（4人分）
しめじ…1パック
塩…小さじ1/4
ごま油…大さじ1/2
すりごま…大さじ1

作り方
1. しめじは石づきを取って小房に分ける。
2. 耐熱容器に1のしめじを入れ、塩とごま油を振ってふんわりとラップをかけ、電子レンジで2分加熱する。
3. ラップを外し、すりごまを混ぜる。
＊まいたけやエリンギ、しいたけでもできます。

レンジなめたけ

さっぱり
しょうゆ味

冷蔵：5日間
冷凍：2週間

材料（4人分）
えのき…大1袋（200g）
みりん…大さじ1
しょうゆ…大さじ2
米酢…大さじ1
かつおぶし…ひとつまみ

作り方
1. えのきは石づきを切り落とし、3等分の長さに切る。
2. 耐熱容器に材料をすべて入れ、ふんわりとラップをかけて電子レンジで3分ほど加熱し、よく混ぜて冷まず。
＊しめじやしいたけ、まいたけなどでもできます。

エリンギのピクルス

すっぱ味

冷蔵：10日間
冷凍：3週間

材料（4人分）
エリンギ…4〜5本
オリーブオイル…大さじ1
塩…ひとつまみ

A［
水…大さじ3
米酢…大さじ3
砂糖…小さじ2
塩…小さじ1/3
ローリエ…1枚
鷹の爪…1本
］

作り方
1. エリンギは食べやすい大きさに切る。
2. 鍋に1を入れ、オリーブオイルと塩を加えふたをして蒸し焼きにする。焦げないように時折かき混ぜながらしんなりするまで加熱する。
3. Aを注ぎ、ひと煮立ちさせたらすぐに火を止める。
＊しいたけ、マッシュルームなどでもできます。

キャベツ
cabbage

シンプル作りおき

塩もみ酢キャベツ

冷蔵：5日間
冷凍：2週間

材料（作りやすい分量）
キャベツ…1/2 玉弱
塩…小さじ 1
米酢…大さじ 1

作り方
1. キャベツは 5 ミリ幅くらいの千切りにする。
2. ポリ袋に 1 のキャベツと塩、米酢を入れてよくもみ、袋を密閉して 30 分ほどおく。

Arrange

キャベツのクミンマリネ

エスニック味

材料（1 人分）
塩もみ酢キャベツ…200g
A [クミン…小さじ 1/2
砂糖…小さじ 1/2
エキストラバージンオリーブオイル
…大さじ 1]

作り方
1. キャベツに A を加えてざっくり和える。

キャベツの梅和え

すっぱ味

材料（1 人分）
塩もみ酢キャベツ…200g
大葉…5枚
梅干し…1個

作り方
1. 大葉は千切りにする。梅干しは種を取って包丁で叩く。
2. キャベツに 1 を加えてざっくり和える。

キャベツのシンプルマヨ和え

マヨ味

材料（1 人分）
塩もみ酢キャベツ…200g
A [マヨネーズ…大さじ 2
かつおぶし…ひとつまみ
にんにく（すりおろし）…小さじ 1/4]

作り方
1. キャベツに A を加えてざっくり和える。

キャベツとお揚げの薄味煮

材料（4人分）
キャベツ…1/4玉
油揚げ…2枚

A	水…100cc
	みりん…大さじ1
	しょうゆ…小さじ1
	塩…ひとつまみ

かつおぶし…1パック

`さっぱり 塩味`　`冷蔵：5日間 冷凍：2週間`

作り方
1. キャベツは一口大に、油揚げは短冊に切る。
2. 鍋に1とAを入れて中火にかける。煮立ったら弱火にして5分ほど煮て、仕上げにかつおぶしを加えて火を止める。
＊白菜や小松菜でもできます。

キャベツとツナの煮物

材料（4人分）
キャベツ…1/4玉
ツナ缶（小）…1缶

A	水…大さじ1
	みりん、しょうゆ…各大さじ2

`コク旨 甘辛味`　`冷蔵：5日間 冷凍：2週間`

作り方
1. キャベツは一口大に切る。
2. 鍋にキャベツとA、ツナ缶（汁ごと全部）を入れて、ふたをして中火にかける。
3. 煮立ってきたら弱火にして7分ほど煮る。
＊白菜や小松菜でもできます。

キャベツのチーズおやき

材料（8枚分）
キャベツの葉…2～3枚
スライスチーズ…2枚
サラダ油…少々

A	卵…2個
	紅生姜…お箸でひとつまみ
	薄力粉…大さじ4
	片栗粉…大さじ1
	水…50cc
	塩…小さじ1/2
	かつおぶし…1パック

`さっぱり 塩味`　`冷蔵：5日間 冷凍：2週間`

作り方
1. キャベツは千切りにする。チーズは1枚を4等分に切る。
2. ボウルにAと1のキャベツを入れて菜箸でよく混ぜる。
3. フライパンにサラダ油をひいて中火にかけ、2をお玉に1杯ずつくらいに分けて流し入れる。チーズをのせてふたをして蒸し焼きにし、片面が焼けたら裏返して同じように焼く。

ゴーヤ
bitter gourd

シンプル
作りおき

塩もみゴーヤ

冷蔵：5日間
冷凍：2週間

材料（作りやすい分量）
ゴーヤ…2本
塩…小さじ1
ごま油…大さじ1

作り方
1. ゴーヤは縦に半分に切って中の種をつまんで取り、薄切りにする。
2. ポリ袋に1のゴーヤを入れ、塩を入れて手でもむ。しんなりしてきたら水気を絞り、ごま油を混ぜる。

Arrange

レンジで即席
ゴーヤチャンプルー風

さっぱり
しょうゆ味

材料（2人分）
塩もみゴーヤ…お箸でひとつまみ
厚揚げ…1丁（200g）
かつおぶし…1パック
しょうゆ…小さじ2
ごま油…小さじ1

作り方
1. 厚揚げは食べやすい大きさに切る。
2. 耐熱容器に厚揚げとゴーヤを入れ、ごま油としょうゆを振りかける。ふんわりとラップをかけて電子レンジで2分加熱する。
3. 取り出し、かつおぶしを加えて混ぜる。

ゴーヤの甘酢和え

すっぱ味

材料（2人分）
塩もみゴーヤ…お箸でふたつまみ
A ┌ 砂糖…小さじ1
　├ 米酢…小さじ2
　└ 鷹の爪（小口切り）…ひとつまみ

作り方
1. ボウルにゴーヤを入れ、Aを加えて混ぜる。

ゴーヤの春雨サラダ

さっぱり
しょうゆ味

材料（2人分）
塩もみゴーヤ…お箸でひとつまみ
カット乾燥春雨…40g
ロースハム…3枚
A ┌ 米酢…大さじ1
　├ しょうゆ…小さじ1/2
　└ からし…小さじ1/2

作り方
1. 春雨は熱湯で戻して水気を切る。ハムは千切りにする。
2. ボウルにゴーヤと1とAを入れて和える。

ゴーヤとツナの塩昆布炒め

材料（4人分） さっぱり 塩味 / 冷蔵：5日間 冷凍：2週間

ゴーヤ…1本
ツナ缶（小）…1缶
塩昆布…お箸でふたつまみ
ごま油…大さじ1

作り方
1. ゴーヤは縦に半分に切って中の種をつまんで取り、薄切りにする。
2. フライパンにごま油をひいて中火で熱し、1のゴーヤを炒める。しんなりしてくるまで炒めたら、軽く油を切ったツナと塩昆布を入れてなじむまで炒める。

ゴーヤとじゃこのふりかけ

材料（4人分） コク旨 甘辛味 / 冷蔵：5日間 冷凍：2週間

ゴーヤ…1本
ちりめんじゃこ…30g
みりん、しょうゆ…各大さじ1
ごま油…大さじ1
白ごま…大さじ1

作り方
1. ゴーヤは縦に半分に切って中の種をつまんで取り、薄切りにする。
2. フライパンにごま油をひいて中火で熱し、1のゴーヤを炒める。全体に油が回ってしんなりしてきたら、ちりめんじゃこを加え、みりん、しょうゆを加えて水分が飛ぶまで炒める。火を止め、白ごまを振る。

ゴーヤのみそ炒め

材料（4人分） コク旨 甘辛味 / 冷蔵：5日間 冷凍：2週間

ゴーヤ…1本
みりん…大さじ2
みそ…大さじ1と1/2
すりごま…大さじ1
ごま油…大さじ1

作り方
1. ゴーヤは縦に半分に切って中の種をつまんで取り、薄切りにする。
2. フライパンにごま油をひいて中火で熱し、1のゴーヤを炒める。しんなりしてくるまでしっかりと炒め、みりんを加えて水分が少なくなるまで炒める。
3. みそとすりごまを加え、全体になじませて火を止める。

ごぼう
burdock

シンプル
作りおき

ゆでごぼう

冷蔵：5日間
冷凍：2週間

材料（作りやすい分量）
ごぼう…2本（250g）
水…200cc
米酢…大さじ1
塩…少々

作り方
1. ごぼうは皮を包丁の背でこそげ、長さ4センチ、太さ1センチくらいのスティック状に切る。
2. 鍋に水と米酢と塩を入れる。1を入れて沸騰させ、5分ほどゆでてざるにあける。

Arrange

ごぼうの混ぜごはん

 コク旨
甘辛味

材料（1人分）
ゆでごぼう…50g
豚ひき肉…50g
生姜（すりおろし）…小さじ1
温かいごはん…1膳分
A－みりん、しょうゆ、みそ…各小さじ1
青ねぎ（小口切り）…お好みで

作り方
1. ゆでごぼうは1センチ長さに切る。
2. フライパンに豚ひき肉と生姜を入れて火にかけ、色が変わるまで炒める。
3. ごぼうとAを加えて汁気がなくなるまで炒め煮にして、温かいごはんに混ぜる。お好みで、青ねぎを散らす。

ごぼうの漬物

さっぱり
しょうゆ味

材料（2人分）
ゆでごぼう…80g
A－砂糖、しょうゆ、米酢、すりごま
　　　　　　…各大さじ1

作り方
1. ゆでごぼうをAに漬ける。

ごぼうのピリ辛和え

すっぱ味

材料（2人分）
ゆでごぼう…80g
A┌ポン酢…大さじ1
　├塩…少々
　└七味唐辛子…少々

作り方
1. ゆでごぼうとAを和え、30分ほどなじませる。

ごぼうと厚揚げの煮物

 さっぱり しょうゆ味　冷蔵：5日間 冷凍：2週間

材料（4人分）
ごぼう…小1本半（150g）
厚揚げ…1丁（200g）
ごま油…大さじ1
水…100cc
A －酒、みりん、しょうゆ…各大さじ2
山椒パウダー…お好みで

作り方
1. ごぼうは皮をこそげ、ささがきにする。厚揚げは1センチの厚みに切る。
2. 鍋に1のごぼうを入れてごま油を回しかけ、中火にかける。全体に油が回ってしんなりしてくるまで3分ほど炒め、厚揚げを加えて水とAを入れて煮立てる。
3. 少し火を弱めてふたをして7分ほど煮て、お好みで山椒パウダーを振る。
＊厚揚げのかわりに油揚げでもできます。
＊卵でとじてもおいしい。その場合は塩を少々加えます。

揚げ焼きごぼう

 さっぱり 塩味　冷蔵：5日間 冷凍：2週間

材料（4人分）
ごぼう…1本（100〜120g）
しょうゆ…小さじ2
片栗粉…大さじ3〜4
揚げ油…適量
塩…少々

作り方
1. ごぼうは皮をこそげ、4〜5センチくらいの長さに切り、薄く短冊に切る（水につけた場合は水気をしっかり切る）。
2. 1をボウルに入れてしょうゆをまぶす。ビニール袋に片栗粉と一緒に入れてシャカシャカ振る。
3. フライパンに揚げ油を熱し、2を中火でこんがりと揚げ、塩を振る。
＊にんじんでもできます。

ごぼうと生姜のきんぴら

 コク旨 甘辛味　冷蔵：5日間 冷凍：3週間

材料（4人分）
ごぼう…小2本（200g）
生姜…1かけ
鷹の爪（小口切り）…ひとつまみ
ごま油…大さじ1
A ┌ みりん…大さじ1
　├ しょうゆ…大さじ1
　└ 米酢…大さじ1

作り方
1. ごぼうは皮をこそげ、斜めに薄切りにしてから千切りにする。生姜は千切りにする。
2. 鍋にごま油を入れて1と鷹の爪を中火で炒める。しんなりしてきたらAを加えて汁気がなくなるまで炒め煮にする。
＊にんじんでもできます。

セロリ
celery

セロリの酢漬け

冷蔵：7日間
冷凍：2週間

材料（作りやすい分量）
セロリ…2本
A
- 塩…小さじ 1/2
- 砂糖…小さじ 1/2
- 米酢…大さじ 2
- 昆布（10センチ四方のもの）…1枚
- 鷹の爪（小口切り）…ひとつまみ

作り方
1. セロリは斜めに切る。
2. 1をAと一緒にポリ袋に入れ、手でもんで密閉して冷蔵庫で30分ほどおく。

Arrange

セロリサンドウィッチ

マヨ味

材料（1人分）
セロリの酢漬け…お箸でふたつまみ
食パン（8枚切り）…2枚
ツナ缶（小）…1缶
マヨネーズ…大さじ 1
バター…10g

作り方
1. セロリと油を切ったツナ、マヨネーズを混ぜる。
2. 食パンは軽くトーストして溶かしバターを塗り、1をのせて挟む。食べやすく切る。

セロリポテトサラダ

マヨ味

材料（2人分）
セロリの酢漬け…お箸でひとつまみ
じゃがいも…2個
マヨネーズ…大さじ 1

作り方
1. じゃがいもはさいの目に切って水にくぐらせ、耐熱容器に入れてふんわりとラップをかけて電子レンジで3分加熱する。
2. 1の粗熱を取り、セロリと一緒にボウルに入れて混ぜ、マヨネーズで和える。

セロリそうめん

さっぱり
塩味

材料（2人分）
セロリの酢漬け…お箸でふたつまみ
そうめん…200g
ツナ缶（小）…1缶
だししょうゆ…大さじ 1
（またはめんつゆなど）
ごま油…大さじ 1
ブラックペパー…お好みで

作り方
1. そうめんは袋の表示通りにゆでてざるにあけ、冷水をあててぬめりを落として冷ます。
2. 皿に盛り付け、セロリの酢漬けと油を切ったツナをのせ、だししょうゆとごま油を回しかける。お好みでブラックペパーを振る。

すぐに
食べたい派に

セロリのごまナムル

さっぱり 塩味 ／ 冷蔵：5日間 冷凍：2週間

材料（4人分）
セロリ…1本
A ┌ 塩…小さじ1/3
　├ ごま油…大さじ1
　└ すりごま…大さじ1

作り方
1. セロリは斜めに、少し歯ごたえが残るくらいの厚みに切る。葉も固い部分を除いて刻む。
2. 鍋に湯を沸かし、1のセロリを入れて1分ゆでてざるにあけて水気を切り、熱いうちにAで和える。

セロリのふりかけ

さっぱり しょうゆ味 ／ 冷蔵：5日間 冷凍：2週間

材料（4人分）
セロリ…1本
ごま油…大さじ1
鷹の爪（小口切り）…ひとつまみ
みりん、しょうゆ…各大さじ1
かつおぶし…1パック

作り方
1. セロリは粗みじんに切る。
2. フライパンにごま油と鷹の爪を入れて火にかける。1のセロリを入れてしんなりしてくるまで炒めたら、みりん、しょうゆを加えて汁気がなくなるまで炒める。仕上げにかつおぶしを振り、全体になじませて火を止める。

セロリのきんぴら

コク旨 甘辛味 ／ 冷蔵：5日間 冷凍：2週間

材料（4人分）
セロリ…2本
ごま油…大さじ1
鷹の爪（小口切り）…ひとつまみ
A ┌ 砂糖…小さじ1
　├ みりん…大さじ1
　└ しょうゆ…大さじ2
白ごま…大さじ1

作り方
1. セロリは千切りにする。
2. フライパンにごま油と鷹の爪を入れて火にかけ、温まってきたら1のセロリを入れて炒める。
3. 全体に油が回ったらAを加えて汁気がなくなるまで炒め煮にする。仕上げに白ごまを振り、火を止める。

ピーマン
green pepper

シンプル
作りおき

ピーマンのレンチンナムル

| 冷蔵：5日間 |
| 冷凍：2週間 |

材料（作りやすい分量）
ピーマン…8個
すりごま…大さじ1
A［ ごま油…小さじ1
砂糖…小さじ1/2
塩…小さじ1/4
にんにく（すりおろし）…小さじ1/2

作り方
1. ピーマンは千切りにする。
2. 耐熱容器に1のピーマンとAを入れ、ふんわりとラップをかけて電子レンジで2分加熱する。すりごまを混ぜる。

Arrange

ピーマンと
さつまいもの和え物

さっぱり
塩味

材料（2人分）
ピーマンのレンチンナムル…大さじ1
さつまいも…小1本（200g）
水…大さじ2
塩昆布…大さじ1

作り方
1. さつまいもは1センチの角切りにして水にくぐらせ、耐熱容器に入れる。水を振りかけ、ふんわりとラップをかけて電子レンジで2分加熱する。余分な水分を捨て、粗熱を取る。
2. 1にピーマンのナムルと塩昆布を混ぜる。

ピーマン混ぜおにぎり

さっぱり
塩味

材料（2人分）
ピーマンのレンチンナムル…大さじ1
温かいごはん…200g
塩…少々

作り方
1. ボウルに温かいごはんとピーマンのナムル、塩を入れて混ぜる。
2. おにぎり2個を作る。

ピーマンの白和え

さっぱり
塩味

材料（2人分）
ピーマンのレンチンナムル
　　　…お箸でふたつまみ
絹ごし豆腐…大1/2丁（200g）
かつおぶし…1パック

作り方
1. 絹ごし豆腐はキッチンペーパーに包んで電子レンジで2分加熱、水切りする。
2. 1とピーマンのナムル、かつおぶしを混ぜる。

焼きピーマンのごま塩和え

材料（作りやすい分量）
ピーマン…10個
ごま油…大さじ1
塩…ふたつまみ
すりごま…大さじ2

さっぱり
塩味

冷蔵：4日間
冷凍：2週間

作り方
1. ピーマンは縦半分に切って種を取り、さらに縦半分に切って1個を4等分の大きさにする。
2. フライパンに1のピーマンを入れ、ごま油を回しかけ、塩を振る。
2. ふたをして中火にかける。ぱちぱち音がしてきたら少し火を弱め、時折上下を返しながら、ややしんなりしてくるまで蒸し炒めにし、火を止めてすりごまを加える。

ピーマンの生姜煮

材料（4人分）
ピーマン…5個
ツナ缶（小）…1缶
生姜…1かけ
ごま油…小さじ1
A　砂糖…小さじ1
　　みりん、しょうゆ…各大さじ1
　　塩…少々

コク旨
甘辛味

冷蔵：4日間
冷凍：2週間

作り方
1. ピーマンと生姜は千切りにする。
2. 鍋にA以外の材料をすべて入れ（ツナは缶汁ごと入れる）、ふたをして蒸し焼きにする。全体に火が通ってきたらAで調味し、しっかり汁気を飛ばしながら炒める。

焼きピーマンのチーズ和え

材料（4人分）
ピーマン…8個
塩…少々
エキストラバージンオリーブオイル…大さじ2
粉チーズ…大さじ1

さっぱり
塩味

冷蔵：4日間
冷凍：2週間

作り方
1. ピーマンは縦半分に切って種を取り、グリルに並べる。
2. 焦がさないように5分ほど焼き（片面焼きならば途中裏返しながら8分ほど）、熱いうちにボウルに入れて塩、オリーブオイル、粉チーズで和える。

大根
white radish

シンプル
作りおき

ゆで大根

冷蔵：5日間
冷凍：2週間

材料（作りやすい分量）
大根…約1本
水…適量
酒…大さじ1
昆布（10センチ四方のもの）…1枚

作り方
1. 大根は2センチの厚みの輪切りにし、皮をむく。
2. 鍋に昆布を入れ、大根とかぶるくらいの水、酒を入れて火にかける。煮立ったら弱火にして20分ほど煮る。串がスッと通るようになったら火を止め、煮汁ごと冷ます。

Arrange

大根のチーズ焼き　さっぱりしょうゆ味

材料（2人分）
ゆで大根…2枚
とろけるスライスチーズ…2枚
しょうゆ…小さじ2
ブラックペパー…お好みで

作り方
1. 大根を耐熱容器に並べ、しょうゆを回しかける。この上にスライスチーズをかぶせ、トースターで5分ほど焼いて焦げ目をつける。
2. お好みでブラックペパーを振る。

ふろふき大根　コク旨甘辛味

材料（2人分）
ゆで大根…2枚
A ┌ みそ…大さじ1
　├ 酒…大さじ1
　├ みりん…大さじ1
　└ 柚子ジャム…大さじ1

作り方
1. Aを小鍋に入れて温める。
2. 大根を電子レンジで温め、Aをかける。

大根のおかかしょうゆ焼き　さっぱりしょうゆ味

材料（2人分）
ゆで大根…2枚
ごま油…小さじ1
みりん、しょうゆ…各大さじ1
かつおぶし…1パック

作り方
1. フライパンにごま油をひいて大根を両面に焼き色をつけながら焼く。
2. みりん、しょうゆを回しかけて全体に絡め、かつおぶしを振って火を止める。

柚子大根

すっぱ味 | 冷蔵：1ヶ月 冷凍：2ヶ月

材料（4人分）
大根…約 1/2 本（500g）
昆布（5センチ四方のもの）…1枚
塩…大さじ 1/2
砂糖…大さじ 3
米酢…50cc
柚子ジャム…大さじ 1

作り方
1. 大根はスティック状に切る。
2. 厚手のポリ袋に、昆布と **1** の大根を入れる。塩を振り砂糖と米酢、柚子ジャムを入れる。空気を入れないように密閉し、冷蔵庫でしんなりするまで 30 分ほどおく。
＊カブや長いもでもできます。

大根のにんにくしょうゆ漬け

すっぱ味 | 冷蔵：1ヶ月 冷凍：2ヶ月

材料（4人分）
大根…約 1/3 本（300g）
塩…小さじ 1
にんにく…1片
A ┌ しょうゆ…大さじ 3
　├ 米酢…大さじ 1
　└ 鷹の爪（小口切り）…ひとつまみ

作り方
1. 大根はいちょう切りにしてボウルに入れ、塩を振って 30 分ほどおく。水分を絞ってポリ袋に入れる。にんにくも薄切りにして一緒に入れる。
2. A を注いでよくもみ、密閉して冷蔵庫で 30 分ほどおく。

大根の塩きんぴら

さっぱり塩味 | 冷蔵：5日間 冷凍：2週間

材料（4人分）
大根…約 1/3 本（300g）
ごま油…大さじ 1
A ┌ みりん…大さじ 2
　├ 塩…小さじ 1/2
　└ 鷹の爪（小口切り）…ひとつまみ
白ごま…大さじ 1

作り方
1. 大根は皮ごとスティック状に切る。
2. フライパンにごま油をひいて熱し、**1** を広げて入れる。焦げ目をつけながら炒め、しんなりしてきたら A を加えて汁気がなくなるまで炒め煮にする。仕上げに白ごまを振る。

玉ねぎ
onion

玉ねぎの酢漬け

冷蔵：2週間
冷凍：1ヶ月

材料（作りやすい分量）
紫玉ねぎ…1個

A [砂糖…大さじ1
　 塩…小さじ1/4
　 米酢…50cc
　 ローリエ…1枚

作り方
1. 玉ねぎは繊維に逆らうように薄切りにする。
2. 10分ほど空気にさらし、Aを加え混ぜて密閉し、冷蔵庫で2時間ほどおく。
＊新玉ねぎ、サラダ玉ねぎでも作れます。

Arrange

玉ねぎとツナのサラダ

マヨ味

材料（2人分）
玉ねぎの酢漬け…お箸でひとつまみ
ツナ缶（小）…1缶
パセリ…1枝
マヨネーズ…大さじ1
万能ねぎ（小口切り）…お好みで
ブラックペパー…お好みで

作り方
1. パセリはみじん切りにする。
2. 軽く油を切ったツナ、玉ねぎの酢漬け、パセリをマヨネーズで和える。お好みで万能ねぎ、ブラックペパーをのせる。

玉ねぎのゆで豚和え

さっぱりしょうゆ味

材料（2人分）
玉ねぎの酢漬け…お箸でふたつまみ
豚薄切り肉（しゃぶしゃぶ用など）…160g
しょうゆ…大さじ1

作り方
1. 鍋に湯を沸かし、豚肉を1枚ずつ入れてゆでる。色が変わったらざるにあけ、冷水にさらして水気を拭く。
2. ボウルに1と玉ねぎの酢漬け、しょうゆを入れて和える。

玉ねぎのサーモンサラダ

すっぱ味

材料（2人分）
玉ねぎの酢漬け…お箸でふたつまみ
スモークサーモン…80g
エキストラバージンオリーブオイル…小さじ2
パセリ…1枝
レモン…1切

作り方
1. パセリはみじん切りにする。
2. スモークサーモンで玉ねぎの酢漬けを適量巻き、オリーブオイルを振りかけ、パセリとレモンを飾る。

グリル玉ねぎ

さっぱり 塩味 ／ 冷蔵：7日間 冷凍：3週間

材料（4人分）
玉ねぎ…2個
オリーブオイル…大さじ2
塩…適量

作り方
1. 玉ねぎはくし形に切る。フライパンにオリーブオイルをひき、玉ねぎの切り口を下にして並べる。ふたをして弱火にかけ、8分ほど加熱する。
2. 玉ねぎが軟らかくなったら、塩を振って火を止める。

レンチン玉ねぎ

さっぱり しょうゆ味 ／ 冷蔵：5日間 冷凍：2週間

材料（4人分）
玉ねぎ…2個
塩…少々
ポン酢…大さじ2
かつおぶし…1パック

作り方
1. 玉ねぎはくし形に切る。耐熱容器に玉ねぎを入れ、塩を振ってふんわりとラップをかける。
2. 電子レンジで8分加熱する。取り出し、ポン酢をかけてかつおぶしを混ぜる。

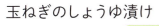

玉ねぎのしょうゆ漬け

すっぱ味 ／ 冷蔵：5日間 冷凍：2週間

材料（4人分）
玉ねぎ…大1個（新玉ねぎがおすすめです）
A ｜ しょうゆ…大さじ3
｜ みりん…大さじ3
｜ 米酢…大さじ3
｜ にんにく…1/2片
｜ 鷹の爪（小口切り）…ひとつまみ

作り方
1. 玉ねぎはくし形に切り、耐熱ボウルに入れる。Aのにんにくは薄切りにする。
2. 鍋にAを煮立て、1の玉ねぎの入ったボウルに入れて、しばらくおく。

なす
eggplant

レンチン蒸しなす

冷蔵：5日間
冷凍：2週間

材料（作りやすい分量）
なす…6本

作り方
1. なすは縦横にそれぞれ2等分し塩水（分量外）につけ、耐熱皿に並べる。ふんわりとラップをかけて電子レンジで6分加熱する。

Arrange

なすのさっぱり白だし和え

さっぱり
塩味

材料（2人分）
レンチン蒸しなす…2本分
A ┌ 白だし…大さじ1
　├ 米酢…大さじ1/2
　└ ごま油…大さじ1/2
万能ねぎ（小口切り）…お好みで

作り方
1. 蒸しなすは手で裂き、Aで和える。お好みで万能ねぎをのせる。

なすの甘酢和え

さっぱり
しょうゆ味

材料（2人分）
レンチン蒸しなす…2本分
A ┌ 砂糖…小さじ1
　├ しょうゆ…小さじ2
　├ 米酢…小さじ1
　├ 長ねぎ（みじん切り）…10センチ分
　└ 白ごま…大さじ1

作り方
1. 蒸しなすとAを和える。

なすの豆板醤和え

コク旨
甘辛味

材料（2人分）
レンチン蒸しなす…2本
A ┌ 豆板醤…小さじ1
　├ みそ…小さじ1
　├ 砂糖…小さじ1
　└ ごま油…小さじ1

作り方
1. 蒸しなすとAを和える。

なすのねぎしょうゆ漬け

コク旨 甘辛味	冷蔵：5日間 冷凍：2週間

材料（4人分）
なす…5本
サラダ油…適量

A
　長ねぎ…1本
　にんにく、生姜（すりおろし）…各小さじ 1/2
　砂糖…小さじ 2
　黒酢…大さじ 2
　オイスターソース、しょうゆ…各大さじ 1
　豆板醤…小さじ 1
　ごま油…小さじ 1

作り方
1. A の長ねぎはみじん切りにして、そのほかの材料と混ぜ合わせる。
2. なすは 3 センチ幅の輪切りにし、塩水（分量外）につけてギュッと絞る。
3. フライパンにやや多めのサラダ油をひき、なすを並べる。転がしながら全体を焼き付け、ふたをして蒸し焼きにする。
4. なすを保存容器に入れて 1 をかける。

なすのから揚げ

さっぱり しょうゆ味	冷蔵：3日間 冷凍：2週間

材料（4人分）
なす…4本
しょうゆ…大さじ 1
片栗粉…大さじ 3
サラダ油…適量

作り方
1. なすは乱切りにして塩水（分量外）につけ、水気をしっかり拭いてしょうゆをまぶす。ポリ袋に片栗粉と一緒に入れて振り混ぜ、全体に粉をまぶす。
2. フライパンに 5 ミリくらいの深さになるようサラダ油を注ぎ、170 度に温める。なすの皮のほうを下にして並べ、転がしながら揚げ焼きにする。

なすのエスニック風

エスニック味	冷蔵：5日間 冷凍：2週間

材料（4人分）
なす…4本
ごま油…大さじ 1

A
　スイートチリソース…大さじ 1
　米酢…大さじ 1
　ナンプラー…大さじ 1

作り方
1. なすは 5 センチ長さのスティック状に切って塩水（分量外）につけ、水気を絞る。
2. フライパンになすを入れてごま油を回しかけ、火にかける。全体に火が通ってしんなりするまで炒め、A を加えて 2 分ほど汁気を煮詰めて火を止める。

にんじん
carrot

シンプル
作りおき

塩もみにんじん

冷蔵：5日間
冷凍：2週間

材料（作りやすい分量）
にんじん…2本
塩…小さじ1
エキストラバージンオリーブオイル…大さじ1

作り方
1. にんじんは千切りにしてポリ袋に入れ、塩、オリーブオイルも一緒に入れてもむ。

Arrange

にんじんのツナサラダ

マヨ味

材料（2人分）
塩もみにんじん…1/2カップ強
A［ツナ缶（小）…1缶
　万能ねぎ（小口切り）…大さじ2
　マヨネーズ…大さじ1
　フライドオニオン…大さじ1

作り方
1. Aのツナ缶は油を切っておく。塩もみにんじんとAを和える。

キャロットラペ

すっぱ味

材料（2人分）
塩もみにんじん…1カップ
A［オレンジマーマレード…大さじ1
　レーズン…大さじ1
　エキストラバージンオリーブオイル
　　　　　　　　　　…小さじ1
　レモン汁…小さじ1

作り方
1. 塩もみにんじんとAを和える。

にんじんの洋風ナムル

さっぱり
塩味

材料（2人分）
塩もみにんじん…1カップ
ベーコン…1枚
A［レモン汁…小さじ1
　ブラックペッパー…少々

作り方
1. ベーコンは1センチ幅に切ってキッチンペーパーにのせ、レンジで1分ほど加熱する。
2. 1と塩もみにんじんをAで和える。

すぐに
食べたい派に

グリルにんじん

さっぱり
塩味 ／ 冷蔵：4日間 ／ 冷凍：2週間

材料（4人分）
にんじん…1本
塩…ひとつまみ
ココナッツオイル（なければオリーブオイル）
…大さじ1

作り方
1. にんじんはスティック状に切る。アルミホイルにのせて塩を振り、オイルをかけて包む。
2. 魚焼きグリルで8分ほど焼く。
＊さつまいも、かぼちゃでもできます。

甘くないにんじんグラッセ

さっぱり
塩味 ／ 冷蔵：4日間 ／ 冷凍：2週間

材料（4人分）
にんじん…1本
塩…ひとつまみ
水…100cc
バター…10g

作り方
1. にんじんは輪切りにする。小鍋に入れて塩を振り、水を入れて中火にかける。
2. 煮立ったら弱火にして10分ほど煮て、仕上げにバターを落として絡める。
＊さつまいもでもできます。

にんじんのきんぴら

さっぱり
しょうゆ味 ／ 冷蔵：5日間 ／ 冷凍：2週間

材料（4人分）
にんじん…1本
ごま油…大さじ1
塩…少々
はちみつ…大さじ1
しょうゆ…小さじ1
白ごま…大さじ1

作り方
1. にんじんは千切りにする。
2. フライパンにごま油をひいて熱し、**1**を炒める。しんなりしてきたら塩、はちみつ、しょうゆを加えて水分がなくなるまで炒め煮にする。白ごまを加えて火を止める。

白菜
chinese cabbage

シンプル
作りおき

塩もみ白菜

冷蔵：5日間
冷凍：2週間

材料（作りやすい分量）
白菜…1/4玉
塩…小さじ1

作り方
1. 白菜は粗みじんに切り、ボウルに入れて塩を振る。ぴったりとラップをかけて冷蔵庫で2時間ほどおく。

Arrange

白菜入りお好み焼き

コク旨
甘辛味

材料（2人分）
塩もみ白菜…2カップくらい
卵…2個
薄力粉…大さじ2
かつおぶし…1パック
豚薄切り肉（ばら肉など）…4枚
サラダ油…少々
お好み焼きソース、万能ねぎ（小口切り）
…各適量
マヨネーズ…お好みで

作り方
1. 塩もみ白菜の水気を絞り、ボウルに入れる。卵と薄力粉、かつおぶしを入れてよく混ぜる。
2. フライパンにサラダ油をひいて中火で熱する。1のたねを1/2量流し入れ、豚肉を2枚並べる。ふたをして2分蒸し焼きにする。
3. ふたを開けて裏返し、もう一度ふたをして3分加熱する。これを2枚焼く。
4. 皿に取り、お好み焼きソースをかけ、お好みでマヨネーズを絞り、万能ねぎをトッピングする。

白菜柚子マヨサラダ

マヨ味

材料（2人分）
塩もみ白菜…1カップ
A ┌ 柚子ジャム…大さじ1
 │ 米酢…小さじ1
 └ マヨネーズ…大さじ1

作り方
1. 塩もみ白菜の水気を絞り、Aで和える。

白菜のエスニックサラダ

エスニック味

材料（2人分）
塩もみ白菜…1カップ
A ┌ スイートチリソース…大さじ2
 │ ナンプラー…小さじ1
 └ レモン汁…小さじ1

作り方
1. 塩もみ白菜の水気を絞り、Aで和える。

白菜の中華風漬物

すっぱ味　冷蔵：5日間
　　　　　冷凍：2週間

材料（4人分）
白菜…1/4玉
塩…小さじ2
A
「砂糖…大さじ1
｜米酢…大さじ3
｜鷹の爪（小口切り）…ひとつまみ
｜生姜（千切り）…1かけ分
└ブラックペパー…少々
ごま油…大さじ1

作り方
1. 白菜は5センチの長さに切り、繊維に沿って千切りにする。ボウルに入れて塩を振り、手でもむ。水分が出てきて白菜のかさが減ってきたら水分を絞り、ボウルに入れてAで和える。
2. フライパンでごま油を熱し、1にかけて混ぜる。

焼き白菜のおかか和え

さっぱり　冷蔵：4日間
しょうゆ味　冷凍：2週間

材料（4人分）
白菜…1/4玉
ごま油…大さじ1
しょうゆ…大さじ1
かつおぶし…1パック

作り方
1. 白菜は大きめの削ぎ切りにする。
2. フライパンにごま油をひいて1を広げて入れ、焦げ目をつけるようにじっくり焼き付ける。ふたをして、しんなりしてくるまで5分ほど蒸し焼きにし、火を止める。
3. しょうゆを回しかけ、かつおぶしを振って全体を混ぜる。
＊キャベツでもできます。

白菜の塩ツナ煮

さっぱり　冷蔵：5日間
塩味　　　冷凍：2週間

材料（4人分）
白菜…1/4玉
にんにく…1片
ツナ缶（小）…1缶
塩…小さじ1/2
ごま油…大さじ1
ブラックペパー…少々

作り方
1. 白菜はざく切り、にんにくは薄切りにする。
2. 鍋に1と軽く油を切ったツナを入れる。塩とごま油を入れて全体を混ぜ、ふたをして中火にかける。鍋が温まってきたら弱火にして5分ほど加熱する。
3. 全体にしんなりしてきたら火を止め、ブラックペパーを振る。
＊キャベツでもできます。

ブロッコリー
broccoli

ブロッコリーの
にんにく蒸し

冷蔵：5日間
冷凍：2週間

材料（作りやすい分量）
ブロッコリー…1株
にんにく…1片
鷹の爪（小口切り）…ひとつまみ
オリーブオイル…大さじ1
塩…少々

作り方
1. ブロッコリーは小房に分ける。にんにくはみじん切りにする。
2. フライパンに1と鷹の爪を入れてオリーブオイルを回しかける。塩を振って、ふたをして中火にかける。3分ほど蒸し焼きにし、皿にあけて冷ます。

Arrange

ブロッコリーの
レンチン焼うどん

さっぱり
塩味

材料（2人分）
ブロッコリーのにんにく蒸し…4房
冷凍うどん…1玉
豚薄切り肉（しゃぶしゃぶ用など）…3枚
塩、ブラックペパー…各少々

作り方
1. クッキングシートを30センチ四方に切り取り、うどんをのせる。
2. その上に豚肉を食べやすい大きさに切って広げてのせ、軽く塩、ブラックペパーを振ってキャンディー包みにする。
3. 電子レンジで5分加熱し、取り出してブロッコリーを混ぜる。

ブロッコリーの混ぜごはん

さっぱり
塩味

材料（2人分）
ブロッコリーのにんにく蒸し…4房
温かいごはん…2膳分
粉チーズ…小さじ2

作り方
1. 温かいごはんにブロッコリーと粉チーズを混ぜる。

ブロッコリーの
ふわふわ卵炒め

さっぱり
塩味

材料（2人分）
ブロッコリーのにんにく蒸し…6房
卵…2個
マヨネーズ…大さじ1
ごま油…大さじ1

作り方
1. 卵を溶いてマヨネーズを混ぜる。
2. フライパンにごま油をひいて熱し、ブロッコリーを入れ、1を流し入れる。大きくかき混ぜて半熟状のところで火を止める。

ブロッコリーとツナの梅サラダ

すっぱ味 | 冷蔵：3日間 冷凍：2週間

材料（4人分）
ブロッコリー…1株
ツナ缶（小）…1缶
梅干し…1個
マヨネーズ…大さじ1

作り方
1. ブロッコリーは小房に分け、塩少々（分量外）を入れた熱湯でゆでてざるにあけ、水気を切る。
2. 粗熱が取れたら軽く油を切ったツナ、種を取って包丁で叩いた梅干し、マヨネーズと混ぜる。
＊カリフラワー、菜の花でもできます。

ブロッコリーのおひたし

さっぱり しょうゆ味 | 冷蔵：5日間 冷凍：2週間

材料（4人分）
ブロッコリー…1株
A ┌ 塩…ひとつまみ
　│ しょうゆ…大さじ1
　└ かつおぶし…1パック

作り方
1. ブロッコリーは小房に分け、塩少々（分量外）を入れた熱湯でゆでてざるにあけ、水気を切る。
2. 熱いうちにAを混ぜ、そのまま冷ます。
＊カリフラワー、菜の花でもできます。

ブロッコリーのごまみそ炒め

コク旨 甘辛味 | 冷蔵：3日間 冷凍：2週間

材料（4人分）
ブロッコリー…1株
ごま油…大さじ1
A ┌ みりん…大さじ1
　│ みそ…大さじ1
　└ すりごま…大さじ1

作り方
1. ブロッコリーは小房に分ける。
2. フライパンに1とごま油を入れて、ふたをして火にかける。中火で時折混ぜながら蒸し焼きにし、Aを加えて全体に絡め火を止める。
＊カリフラワーでもできます。

じゃがいも
potato

シンプル作りおき

マッシュポテト

冷蔵：5日間
冷凍：2週間

材料（作りやすい分量）
じゃがいも…5個（600g）
塩…小さじ1
牛乳…100cc

作り方
1. じゃがいもは皮をむいて一口大に切って鍋に入れ、かぶるくらいの水と塩ひとつまみ（分量外）を入れて火にかける。
2. 串がスッと通るようになるまで13分ほどゆで、湯を捨てる。コンロの上でゆすって粉ふきいもの状態にし、熱いうちに潰して塩と牛乳を混ぜて滑らかにする。

Arrange

マッシュポテトの豚肉巻き

コク旨
甘辛味

材料（2人分）
マッシュポテト…1カップ
豚薄切り肉（ロースなど）…6枚
塩、コショウ…各少々
薄力粉、サラダ油、とんかつソース、
　　　　　　青のり…各適量

作り方
1. マッシュポテトは6等分にして俵形にする。豚肉を広げてマッシュポテトを芯にして巻く。軽く塩、コショウを振って薄力粉をまぶす。
2. フライパンにサラダ油をひいて熱し、1の巻き終わりを下にして並べる。転がしながら全体にこんがりした色がつくまで焼く。皿に盛り付け、とんかつソースをかけて青のりをのせる。

じゃがもち

コク旨
甘辛味

材料（2人分）
マッシュポテト…1カップ
片栗粉…大さじ3
サラダ油…少々
A[砂糖…小さじ1
　 みりん、しょうゆ…各大さじ1]

作り方
1. マッシュポテトに片栗粉を混ぜて6等分にして丸める。
2. フライパンにサラダ油をひいて1を並べ、両面こんがりと焼きつける。
3. Aを流し入れ、照りよく煮絡める。

マッシュポテトのチーズ焼き

コク旨
甘辛味

材料（2人分）
マッシュポテト…1カップ
合いびき肉…100g
みりん、しょうゆ…各大さじ1
ピザ用チーズ…大さじ4くらい
サラダ油、マヨネーズ、パセリ…各適量

作り方
1. フライパンにサラダ油をひいて合いびき肉を炒める。色が変わったらみりんとしょうゆを入れ、汁気がなくなるまで煮詰めて火を止める。
2. 耐熱皿にマッシュポテトと1のひき肉を交互に重ね、一番上をマッシュポテトにする。ピザ用チーズをのせ、マヨネーズを細く絞る。
3. トースターで焦げ目がつくまで焼く。彩りに刻みパセリを散らす。

すぐに食べたい派に

じゃがいもの煮っ転がし

コク旨 甘辛味	冷蔵：4日間 冷凍： ×

材料（4人分）
じゃがいも…4個（500g）
サラダ油…大さじ1
水…適量
砂糖…大さじ2
しょうゆ…大さじ2
バター…10g
かつおぶし…1パック

作り方
1. じゃがいもは一口大に切って水にさらす。
2. 鍋にサラダ油をひき、1のじゃがいもの水気を切って入れてしっかり炒める。全体に油が回ってほんのり焦げ目がついてきたら、ひたひたになるくらいの水と砂糖を入れて強火で煮立てる。煮汁が半分くらいになり、じゃがいもに火が通ったらしょうゆを加えてさらに煮詰める。
3. 煮汁が少なくなったらバターを絡め、火を止めてかつおぶしをまぶす。

千切りじゃがいものきんぴら

さっぱり 塩味	冷蔵：5日間 冷凍： ×

材料（4人分）
じゃがいも…4個（500g）
ごま油…大さじ1
A ┌ 塩…ひとつまみ
　├ しょうゆ…大さじ1
　└ 米酢…大さじ1/2
白ごま…大さじ1

作り方
1. じゃがいもは千切りにして水にさらす。
2. フライパンにごま油をひいて熱し、1を水気を切って炒める。ややしんなりしてくるまで炒めたら、Aを加えて汁気がなくなるまで炒め、最後に白ごまを振り入れて火を止める。

ハッシュドポテト

さっぱり 塩味	冷蔵：5日間 冷凍：×

材料（4人分）
じゃがいも…4個（500g）
サラダ油…大さじ1
A ┌ 塩…小さじ1/4
　├ ブラックペパー…少々
　├ 片栗粉…大さじ1
　└ 粉チーズ…大さじ3

作り方
1. じゃがいもは皮をむき、千切りにする（水にさらさない）。
2. 1のじゃがいもにAを入れてお箸でさっくりと全体を混ぜ合わせる。
3. フライパンにサラダ油をひいて中火で熱し、2のじゃがいもをお箸でひとつまみずつ落として焼く。片面がきつね色に焼けたら裏返し、フライ返しなどでギュッと押さえて裏も同じくいい色に焼く。

長いも
chinese yam

シンプル
作りおき

蒸し長いも

冷蔵：3日間
冷凍：2週間

材料
長いも…400g
塩…少々

作り方
1. 長いもは3センチ角に切り、塩（分量外）を振って軽くもみ、水で洗い流す。
2. 耐熱容器に1を並べ、塩を少々振ってふんわりとラップをかけ、電子レンジで7分加熱する。

Arrange

長いものみそチーズ
トースター焼き

コク旨
甘辛味

材料（2人分）
蒸し長いも…1カップ
みそ…小さじ1
ピザ用チーズ…大さじ4

作り方
1. 耐熱皿に蒸し長いもを並べ、みそを塗る。ピザ用チーズをのせ、トースターで5分ほど焼く。

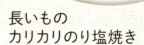

長いもの柚子マヨサラダ

マヨ味

材料（2人分）
蒸し長いも…1カップ
柚子胡椒…小さじ1
マヨネーズ…大さじ1
万能ねぎ（小口切り）…お好みで

作り方
1. 蒸し長いもと柚子胡椒、マヨネーズを和える。お好みで万能ねぎを散らす。

長いもの
カリカリのり塩焼き

さっぱり
塩味

材料（2人分）
蒸し長いも…1カップ
サラダ油…少々
A ┌ 片栗粉…大さじ1
　│ 塩…少々
　│ 青のり…小さじ1
　└ 粉チーズ…大さじ1

作り方
1. 蒸し長いもをボウルに入れてAを混ぜる。
2. フライパンにサラダ油をひいて熱し1をスプーンですくって落とす。へらで押さえながら両面こんがりとしてくるまで焼く。

すぐに
食べたい派に

長いもの梅和え

すっぱ味 　冷蔵：3日間
　　　　　冷凍：2週間

材料（4人分）
長いも…350g
梅干し…2個
A ⎡ 塩…小さじ1/2
　⎣ 米酢…大さじ3

作り方
1. 長いもは乱切りにする。梅干しは種を取って包丁で叩く。
2. ポリ袋に1を入れ、Aも入れてよくもむ。

長いものしょうゆ漬け

さっぱり 　冷蔵：3日間
しょうゆ味 冷凍：2週間

材料（4人分）
長いも…350g
にんにく…1片
A ⎡ しょうゆ…大さじ2
　｜ みりん…大さじ1
　｜ 米酢…大さじ1
　⎣ 鷹の爪（小口切り）…ひとつまみ

作り方
1. 長いもはスティック状に切る。にんにくは薄切りにする。
2. 1とAをポリ袋に入れて密閉して漬ける。

長いものキムチ

エスニッ 　冷蔵：3日間
ク味 　　冷凍：2週間

材料（4人分）
長いも…350g
A ⎡ キムチの素…大さじ2
　⎣ 米酢…大さじ1

作り方
1. 長いもは1センチ幅の半月に切る。
2. ポリ袋に1とAを入れてよくもむ。
＊キムチの素のかわりにキムチでもできます。

これひとつで、プロっぽい味に！

井上さん家の
絶品香味だれ
Best 5

肉をさっと焼いたり、魚や野菜をレンチンしただけでも、
香味だれを合わせれば、一気に料理が一品完成!!
井上家でリピしまくりの、簡単に作れる絶品香味だれを紹介。
作っておくと、本当に便利です！

パクチー好きは常備しておいて損はナシ！
パクチーしょうゆ

`冷蔵：1ヶ月`

材料（作りやすい分量）
パクチー…1束
にんにく…1/2片
しょうゆ…100cc
ごま油…大さじ1

作り方
1. パクチーは粗く刻む。にんにくは薄切りにする。
2. 清潔な保存容器に 1 を入れ、しょうゆとごま油を注ぐ。

目玉焼きにかけて、
トロリとした黄身と
合わせるとおいしいー。

お刺身にかけると
アジア風の
カルパッチョみたい！

チャーハンの仕上げの
香りづけにも！

冷奴や、
焼いた厚揚げに
合わせても。

卵かけごはんに合わせると、
飲み会の〆にも最適！

何にでも合い、料理の格が上がる！
パセリオイル

冷蔵：1ヶ月

材料（作りやすい分量）
パセリ…1束（30g）
にんにく…1片
エキストラバージンオリーブ
　　　　　オイル…200cc
塩…小さじ1/2

作り方
1. パセリは葉先を刻む。にんにくはみじん切りにする。
2. 材料をすべて混ぜ合わせ、清潔な保存容器に入れる。

チキンソテーの
ソースに使うと、
プロっぽい！

ポテトサラダの
アクセントに入れると、
大人のポテサラに。

クリームチーズに
のせると、
お酒に合う合う！

パスタを炒める時の
オイルとして使うと、
極上イタリアンな味に。

5分でできる本格オニオンソース
玉ねぎだれ

冷蔵：1週間

材料（3〜4回分）
玉ねぎ…1個
にんにく…1片
オリーブオイル…50cc
A ┌ 砂糖…大さじ1
　│ 米酢、しょうゆ、みりん
　│ 　　　　　…各50cc
　│ 粒マスタード…小さじ1強
　└ 塩…少々

作り方
1. 玉ねぎ、にんにくはみじん切りにする。
2. フライパンにオリーブオイル、にんにく、玉ねぎを入れ、しんなりしてくるまで5分ほど炒める。
3. Aを加えてひと煮立ちさせ、火を止める。充分に冷めてから清潔な保存容器に入れる。

ローストビーフや
ステーキ、
ポークソテーなど
肉料理のソースとして。

蒸し野菜の
ドレッシングにしても
good！

オムレツなどの
ソースにすると
卵料理もごちそうに！

豆腐ステーキに合わせると、
洋風なイメージに。

手軽に中華風の味が完成
ニラだれ

冷蔵：1週間

材料
ニラ…1束
生姜…1かけ
A ┌ 砂糖…小さじ1
　├ しょうゆ…大さじ3
　├ 米酢…大さじ1
　├ 白ごま…大さじ2
　└ ごま油…大さじ1

作り方
1. ニラは細かく刻み、生姜はすりおろす。
2. 1とAを混ぜ合わせ、清潔な保存容器に入れる。

冷奴にかけて。
ビールに合う！

豚の冷しゃぶや
温野菜のたれとして。

から揚げにかけると、
冷めてもおいしい。

蒸し鶏にかけると、
一気におつまみ化。

ピリ辛で色もきれい！
トマトだれ

冷蔵：5日間

材料
トマト…小2個（200g）
玉ねぎ…1/8個（30g）
にんにく…1/2片
A ┌ 砂糖…小さじ1
　├ しょうゆ…大さじ2
　├ 米酢…大さじ1
　├ ごま油…大さじ1
　└ 豆板醬…小さじ1

作り方
1. トマトは1センチ角に切る。玉ねぎはみじん切りにして水にさらして絞り、にんにくはすりおろす。
2. 1とAを混ぜ合わせる。

豚肉のソテーなどに
かけると、ごちそう風。

意外！
冷やし中華のたれ
としても！

アボカドにのせて、
お酒のおともに。

素揚げした野菜にのせて。

おわりに。

かな姐の作りおきの本は、いかがでしたでしょうか。
現在この本の初校チェックをしながら、はじめにとおわりにの文章を考えつつ、
今回の本も読者の皆さんの役に立つことができる本に仕上がっているだろうかと
ドキドキしています。

「朝10分、あるものだけでほめられ弁当」「夜10分、あるものだけでおつまみごはん」。
この2冊と同じく、文藝春秋の担当編集者、働くお母さんIさんと一緒に作った今回の本。
実はテーマが決まるまでに半年以上、何度もお会いして、お会いできないときにはメールのやり取り
で、みっちり話し合いを重ねました。

@京橋の居酒屋　生牡蠣を食べながら
「作りおきって、週末に何時間もかけて作るって時点ですでにハードル高くないですか？」
「大量に作って同じ味で食べ続けるのって飽きないですか？」
「いやそもそも、うちは家族が多いんで、作りおきにならないんです。すぐ食べちゃう」
など、世間にある《作りおき》へのマイナスイメージをとことん話し合いました。
フルで働くIさんだからこその、平日は料理する時間のない働く主婦の目線と、
忙しいけどおいしいものじゃなきゃ食べたくない！と思っている
欲張りで食いしん坊のわたしだからこその目線で、本音での話し合いでした。

@品川のカフェ　エッグベネディクトを食べながら
看護師をしているわたしのママ友から
「野菜の常備菜はよくあるけど、うちはとにかく肉食やねん！肉の常備菜を教えて」
と相談されたことをテーマに掲げ、
「肉や魚など、メインとなる料理の作りおきで美味しい作りおきとは？」
「おいしさが二の次になってしまうのはやめよう」「でもなるべく手間はかけたくない！」
と、どんなおかずが作りおきに向いているのか、おいしいのかを具体的に考え、
作りたてのほうがやっぱりおいしいでしょ、というものは今回はすべて外し、
作りおくからこそおいしくなる肉、魚料理のアイデアを出しました。

そうして、今ある作りおきについてのマイナスイメージを払拭し、
新しい作りおきをテーマにして、そこからブレないように
何度も原点に立ち返りながら作ったのがこの「10分作りおき」の本です。

材料も少なめ、わざわざ買い物へ行って
あれこれ買ってこなくても、
今冷蔵庫にあるものだけでできます。

この本に載っているレシピのどれかが、
いつか疲れて帰ってきた
あなたのお役に立つことができれば嬉しいです。

　　　　　　井上かなえ

素材別さくいん

【肉類】

牛肉
じゃがいもと牛こまの甘辛煮　19
なすと牛肉の炒め煮　28

鶏肉
たっぷり野菜の田舎風スープ（むね肉）11
手羽元のエスニック煮（手羽元）　12
最新版！塩おでん（もも肉）　13
トマトクリームシチュー（もも肉）　15
鶏むね肉の南蛮（むね肉）　19
鶏の梅おろし煮（もも肉）　20
しっとりヘルシータンドリーチキン（むね肉）20
鶏むね肉のしっとりソテー（むね肉）　32
ゆで鶏（むね肉）　36
グリルチキン（もも肉）　38

＜鶏むね肉のしっとりソテーを使って＞
和風柚子胡椒チキン　33
粒マスタードチキン　34
チキンサラダ　35
鶏むね肉とブロッコリーのからしマヨ和え　35
鶏むね肉のしっとりソテー チリマヨ添え　35
鶏の春雨麺　35

＜ゆで鶏を使って＞
ゆで鶏の花椒だれ添え　37
ゆで鶏の春雨サラダ　37
カオマンガイ　37
チョップドサラダ　37
チキンサンドウィッチ　37
棒棒鶏　37

＜グリルチキンを使って＞
グリルチキン粥　39
生春巻き　39
グリルチキンのレンチンケチャップライス　39
グリルチキンのエスニックだれ　39

豚肉
ガーリック塩肉じゃが（薄切り肉）　17
なすのキムみそ炒め（薄切り肉）　17
豚ばらとニラのピリ辛春雨炒め（薄切り肉）　18
豚ばらとキャベツのトマトシチュー（薄切り肉）21
ささがきごぼうと豚肉の
　　　塩おかか炒め（薄切り肉）　27
豚ひれのオイル漬け（ひれ肉）　40
塩豚（肩ロース）　44
豚肉のソテー トマトソース（薄切り肉）　52
玉ねぎのゆで豚和え（薄切り肉）　72
白菜入りお好み焼き（薄切り肉）　78
ブロッコリーのレンチン焼うどん（薄切り肉）80
マッシュポテトの豚肉巻き（薄切り肉）　82

＜豚ひれのオイル漬けを使って＞
豚ひれのチーズマッシュポテト添え　41
ほうれん草と豚ひれの和え物　41
ピンチョス　41
豚ひれとフレッシュトマトとバジルのマヨサラダ　41

＜塩豚を使って＞
炙り塩豚丼　45
塩豚のキムチ炒め　45
塩豚のサムギョプサル風　45
豚の香りしょうゆ漬け　45

ひき肉
デミグラスソースのロールキャベツ（合いびき肉）14
もやしとニラのつくね（鶏ひき肉）　16
中華っぽいおから煮（鶏ひき肉）　29
ヘルシーゆで肉団子（鶏ひき肉）　46
塩そぼろ（豚ひき肉）　48
ごぼうの混ぜごはん（豚ひき肉）　64
マッシュポテトのチーズ焼き（合いびき肉）　82

＜ヘルシーゆで肉団子を使って＞
肉団子の甘酢あんかけ　47
肉団子の照り焼き　47
肉団子のケチャップ炒め　47
肉団子とチンゲン菜の春雨スープ　47
肉団子の野菜あん　47
肉団子の八宝菜　47

＜塩そぼろを使って＞
レンチンチャーハン　49
塩そぼろ丼　49
じゃがいも煮　49
レンチン野菜炒め　49
キャベツのキーマカレー　49
辛くない麻婆豆腐　49

【魚介類】

さば
さばの煮つけ　18
さばと焼き豆腐のみそ煮　21

さんま
さんまのオイル煮　42
さんまのトマト煮込み　53

＜さんまのオイル煮を使って＞
さんまのバゲットのせ　43
さんまのボリュームサラダ　43
さんまの混ぜごはん　43
さんまのパスタ　43
さんまのじゃがいも炒め　43

【野菜・果物】

いんげん
たっぷり野菜の田舎風スープ　11

大葉
梅味の切り干し煮　25

さんまの混ぜごはん　43
豚肉のソテー トマトソース　52
キャベツの梅和え　60

オクラ
じゃこじゃが　22

かぼちゃ
かぼちゃの塩オイル蒸し　56
かぼちゃのバルサミコマリネ　57
かぼちゃのみたらしバター煮　57
かぼちゃの甘辛　57

＜かぼちゃの塩オイル蒸しを使って＞
かぼちゃのハニーサラダ　56
かぼちゃのポン酢サラダ　56
かぼちゃのマスカルポーネサラダ　56

きのこ
塩蒸しきのこ　58
しめじのナムル　59
レンジなめたけ　59
エリンギのピクルス　59

＜塩蒸しきのこを使って＞
きのこ汁　58
柚子きのこの混ぜごはん　58
きのこの洋風冷奴　58

キャベツ
たっぷり野菜の田舎風スープ　11
デミグラスソースのロールキャベツ　14
豚ばらとキャベツのトマトシチュー　21
キャベツのコールスローサラダ　23
塩豚のキムチ炒め　45
肉団子の照り焼き　47
キャベツのキーマカレー　49
塩もみ酢キャベツ　60
キャベツとお揚げの薄味煮　61
キャベツとツナの煮物　61
キャベツのチーズおやき　61

＜塩もみ酢キャベツを使って＞
キャベツのクミンマリネ　60
キャベツの梅和え　60
キャベツのシンプルマヨ和え　60

きゅうり
マヨなしクリーミーポテサラ　28
ゆで鶏の春雨サラダ　37

ゴーヤ
ゴーヤとひじきの柚子胡椒サラダ　24
塩もみゴーヤ　62

ゴーヤとツナの塩昆布炒め　63
ゴーヤとじゃこのふりかけ　63
ゴーヤのみそ炒め　63

＜塩もみゴーヤを使って＞
レンジで即席ゴーヤチャンプルー風　62
ゴーヤの甘酢和え　62
ゴーヤの春雨サラダ　62

ごぼう
ささがきごぼうと豚肉の塩おかか炒め　27
ごぼうサラダ　29
ゆでごぼう　64
ごぼうと厚揚げの煮物　65
揚げ焼きごぼう　65
ごぼうと生姜のきんぴら　65

＜ゆでごぼうを使って＞
ごぼうの混ぜごはん　64
ごぼうの漬物　64
ごぼうのピリ辛和え　64

さつまいも
ピーマンとさつまいもの和え物　68

じゃがいも
トマトクリームシチュー　15
ガーリック塩肉じゃが　17
じゃがいもと牛こまの甘辛煮　19
じゃこじゃが　22
マヨなしクリーミーポテサラ　28
チョップドサラダ　37
豚ひれのチーズマッシュポテト添え　41
さんまのボリュームサラダ　43
さんまのじゃがいも炒め　43
じゃがいも煮　49
セロリポテトサラダ　66
マッシュポテト　82
じゃがいもの煮っ転がし　83
千切りじゃがいものきんぴら　83
マッシュポテト　83

＜マッシュポテトを使って＞
マッシュポテトの豚肉巻き　82
じゃがもち　82
マッシュポテトのチーズ焼き　82

生姜
もやしとニラのつくね　16
さばの煮つけ　18
豚ばらとニラのピリ辛春雨炒め　18
さばと焼き豆腐のみそ煮　21
中華っぽいおから煮　29
ゆで鶏の花椒だれ添え　37

カオマンガイ　37
肉団子の八宝菜　47
塩そぼろ　48
ごぼうの混ぜごはん　64
ごぼうと生姜のきんぴら　65
ピーマンの生姜煮　69
白菜の中華風漬物　79
ニラだれ　88

セロリ
たっぷり野菜の田舎風スープ　11
しょうゆ味のマカロニサラダ　26
ラタトゥイユ　27
セロリの酢漬け　66
セロリのごまナムル　67
セロリのふりかけ　67
セロリのきんぴら　67

＜セロリの酢漬けを使って＞
セロリサンドウィッチ　66
セロリポテトサラダ　66
セロリそうめん　66

大根
最新版！塩おでん　13
鶏の梅おろし煮　20
ゆで大根　70
柚子大根　71
大根のにんにくしょうゆ漬け　71
大根の塩きんぴら　71

＜ゆで大根を使って＞
大根のチーズ焼き　70
ふろふき大根　70
大根のおかかしょうゆ焼き　70

玉ねぎ
たっぷり野菜の田舎風スープ　11
デミグラスソースのロールキャベツ　14
トマトクリームシチュー　15
豚ばらとニラのピリ辛春雨炒め　18
豚ばらとキャベツのトマトシチュー　21
梅味の切り干し煮　25
ラタトゥイユ　27
肉団子の甘酢あんかけ　47
肉団子のケチャップ炒め　47
肉団子の野菜あん　47
肉団子の八宝菜　47
玉ねぎの酢漬け（紫玉ねぎ・新玉ねぎ）　72
グリル玉ねぎ　73
レンチン玉ねぎ　73
玉ねぎのしょうゆ漬け　73
玉ねぎだれ　87
トマトだれ　88

＜玉ねぎの酢漬けを使って＞
チキンサラダ　35
さんまのボリュームサラダ　43
玉ねぎとツナのサラダ　72
玉ねぎのサーモンサラダ　72
玉ねぎのゆで豚和え　72

チンゲン菜
肉団子とチンゲン菜の春雨スープ　47

トマト・ミニトマト
棒棒鶏　37
豚ひれとフレッシュトマトとバジルのマヨサラダ　41
さんまのバゲットのせ　43
トマトだれ　88

長いも
蒸し長いも　84
長いもの梅和え　85
長いものしょうゆ漬け　85
長いものキムチ　85

＜蒸し長いもを使って＞
長いものみそチーズトースター焼き　84
長いもの柚子マヨサラダ　84
長いものカリカリのり塩焼き　84

なす
なすのキムみそ炒め　17
ラタトゥイユ　27
なすと牛肉の炒め煮　28
レンチン蒸しなす　74
なすのねぎしょうゆ漬け　75
なすのから揚げ　75
なすのエスニック風　75

＜レンチン蒸しなすを使って＞
なすのさっぱり白だし和え　74
なすの甘酢和え　74
なすの豆板醤和え　74

ニラ
もやしとニラのつくね　16
豚ばらとニラのピリ辛春雨炒め　18
にんじんとニラの春雨ツナ煮　24
中華っぽいおから煮　29
レンチン野菜炒め　49
辛くない麻婆豆腐　49
ニラだれ　88

にんじん
たっぷり野菜の田舎風スープ　11
トマトクリームシチュー　15

豚ばらとニラのピリ辛春雨炒め　18
キャベツのコールスローサラダ　23
にんじんとニラの春雨ツナ煮　24
ごぼうサラダ　29
ゆで鶏の春雨サラダ　37
肉団子の野菜あん　47
肉団子の八宝菜　47
塩もみにんじん　76
グリルにんじん　77
甘くないにんじんグラッセ　77
にんじんのきんぴら　77

＜塩もみにんじんを使って＞
にんじんのツナサラダ　76
キャロットラペ　76
にんじんの洋風ナムル　76

にんにく
たっぷり野菜の田舎風スープ　11
手羽元のエスニック煮　12
豚ばらとニラのピリ辛春雨炒め　18
しっとりヘルシータンドリーチキン　20
ラタトゥイユ　27
ゆで鶏の花椒だれ添え　37
カオマンガイ　37
グリルチキンのエスニックだれ　39
さんまのオイル煮　42
塩そぼろ　48
レンチントマトソース　52
キャベツのシンプルマヨ和え　60
ピーマンのレンチンナムル　68
大根のにんにくしょうゆ漬け　71
玉ねぎのしょうゆ漬け　73
なすのねぎしょうゆ漬け　75
白菜の塩ツナ煮　79
ブロッコリーのにんにく蒸し　80
長いものしょうゆ漬け　85
パクチーしょうゆ　86
パセリオイル　87
玉ねぎだれ　87
トマトだれ　88

ねぎ（長ねぎ・青ねぎ・万能ねぎ）
鶏の梅おろし煮　20
ささがきごぼうと豚肉の塩おかか炒め　27
鶏むね肉のしっとりソテー チリマヨ添え　35
鶏の春雨麺　35
ゆで鶏の花椒だれ添え　37
棒棒鶏　37
グリルチキンのエスニックだれ　39
さんまのじゃがいも炒め　43
炙り塩豚丼　45
塩豚のキムチ炒め　45
豚の香りしょうゆ漬け　45

レンチンチャーハン　49
厚揚げのクリーム詰め焼き　51
ごぼうの混ぜごはん　64
玉ねぎとツナのサラダ　72
なすのさっぱり白だし和え　74
なすの甘酢和え　74
なすのねぎしょうゆ漬け　75
にんじんのツナサラダ　76
白菜入りお好み焼き　78
長いもの柚子マヨサラダ　84

白菜
肉団子の八宝菜　47
塩もみ白菜　78
白菜の中華風漬物　79
焼き白菜のおかか和え　79
白菜の塩ツナ煮　79

＜塩もみ白菜を使って＞
白菜柚子マヨサラダ　78
白菜のエスニックサラダ　78
白菜入りお好み焼き　78

パクチー
カオマンガイ　37
グリルチキン粥　39
パクチーしょうゆ　86

バジル
豚ひれとフレッシュトマトとバジルのマヨサラダ　41
シンプルトマトパスタ　53

パセリ・イタリアンパセリ
チキンサラダ　35
グリルチキンのレンチンケチャップライス　39
ピンチョス　41
玉ねぎとツナのサラダ　72
玉ねぎのサーモンサラダ　72
マッシュポテトのチーズ焼き　82
パセリオイル　87

パプリカ
ラタトゥイユ　27

ピーマン
肉団子のケチャップ炒め　47
肉団子の野菜あん　47
ピーマンのレンチンナムル　68
焼きピーマンのごま塩和え　69
ピーマンの生姜煮　69
焼きピーマンのチーズ和え　69
＜ピーマンのレンチンナムルを使って＞
ピーマンとさつまいもの和え物　68

ピーマン混ぜおにぎり　68
ピーマンの白和え　68

ブロッコリー
鶏むね肉とブロッコリーのからしマヨ和え　35
チョップドサラダ　37
さんまのボリュームサラダ　43
ブロッコリーのにんにく蒸し　80
ブロッコリーとツナの梅サラダ　81
ブロッコリーのおひたし　81
ブロッコリーのごまみそ炒め　81

＜ブロッコリーのにんにく蒸しを使って＞
鶏むね肉とブロッコリーのからしマヨ和え　35
チョップドサラダ　37
さんまのボリュームサラダ　43
ブロッコリーのレンチン焼うどん　80
ブロッコリーの混ぜごはん　80
ブロッコリーのふわふわ卵炒め　80

ほうれん草
切り干し大根とほうれん草のツナクミン　25
ほうれん草と豚ひれの和え物　41
ほうれん草のキッシュ風玉子焼き　51

水菜
さんまのパスタ　43

みょうが
さんまの混ぜごはん　43

もやし
もやしとニラのつくね　16
レンチン野菜炒め　49

レタス・サニーレタス・サンチュ
粒マスタードチキン　34
チキンサンドウィッチ　37
生春巻き　39
グリルチキンのエスニックだれ　39
塩豚のサムギョプサル風　45
塩そぼろ丼　49

レモン
鶏の春雨麺　35
玉ねぎのサーモンサラダ　72

レンコン
たっぷり野菜の田舎風スープ　11

【卵・乳製品・大豆製品】

卵・うずら卵
最新版！塩おでん　13
デミグラスソースのロールキャベツ　14
もやしとニラのつくね　16
鶏むね肉の南蛮　19
マヨなしクリーミーポテサラ　28
炙り塩豚丼　45
塩豚のキムチ炒め　45
豚の香りしょうゆ漬け　45
ヘルシーゆで肉団子　46
肉団子の八宝菜　47
レンチンチャーハン　49
塩そぼろ丼　49
ほうれん草のキッシュ風玉子焼き　51
チーズとトマトのオムレツ　52
キャベツのチーズおやき　61
白菜入りお好み焼き　78
ブロッコリーのふわふわ卵炒め　80

牛乳
デミグラスソースのロールキャベツ　14
トマトクリームシチュー　15
マヨなしクリーミーポテサラ　28
豚ひれのチーズマッシュポテ添え　41
レンチンホワイトソース　50
マッシュポテ　82

＜レンチンホワイトソースを使って＞
うどん入り明太クリームグラタン　50
クリーミーチーズフォンデュトースト　50
厚揚げのクリーム詰め焼き　51
ほうれん草のキッシュ風玉子焼き　51
チーズとトマトのオムレツ　52

ヨーグルト
しっとりヘルシー　タンドリーチキン　20

クリームチーズ
ごぼうサラダ　29
生春巻き　39
ピンチョス　41
さんまのバゲットのせ　43
チーズとトマトのオムレツ　52
豚肉のソテー　トマトソース　52
シンプルトマトパスタ　53

粉チーズ
豚ばらとキャベツのトマトシチュー　21
うどん入り明太クリームグラタン　50
焼きピーマンのチーズ和え　69
ブロッコリーの混ぜごはん　80
ハッシュドポテト　83

スライスチーズ
豚ひれのチーズマッシュポテト添え　41
キャベツのチーズおやき　61
大根のチーズ焼き　70

ピザ用チーズ
クリーミーチーズフォンデュトースト　50
マッシュポテトのチーズ焼き　82
長いものみそチーズトースター焼き　84

マスカルポーネチーズ
かぼちゃのマスカルポーネサラダ　56

厚揚げ
最新版！塩おでん　13
ヘルシーゆで肉団子　46
厚揚げのクリーム詰め焼き　51
レンジで即席ゴーヤチャンプルー風　62
ごぼうと厚揚げの煮物　65

油揚げ
キャベツとお揚げの薄味煮　61

おから
中華っぽいおから煮　29

大豆
大豆とじゃこの甘辛煮　26

豆腐
さばと焼き豆腐のみそ煮　21
辛くない麻婆豆腐　49
きのこの洋風冷奴　58
ピーマンの白和え　68

【乾物・漬物・加工品】

青のり
マッシュポテトの豚肉巻き　82
長いものカリカリのり塩焼き　84

かつおぶし
ささがきごぼうと豚肉の塩おかか炒め　27
塩豚のキムチ炒め　45
レンジなめたけ　59
キャベツのシンプルマヨ和え　60
キャベツとお揚げの薄味煮　61
キャベツのチーズおやき　61
レンジで即席ゴーヤチャンプルー風　62
セロリのふりかけ　67
ピーマンの白和え　68

長いものカリカリのり塩焼き　84

大根のおかかしょうゆ焼き　70
レンチン玉ねぎ　73
白菜入りお好み焼き　78
焼き白菜のおかか和え　79
ブロッコリーのおひたし　81
じゃがいもの煮っ転がし　83

切り干し大根
梅味の切り干し煮　25
切り干し大根とほうれん草のツナクミン　25

昆布・塩昆布
最新版！塩おでん　13
ゴーヤとツナの塩昆布炒め　63
セロリの酢漬け　66
ピーマンとさつまいもの和え物　68
ゆで大根　70
柚子大根　71

春雨
豚ばらとニラのピリ辛春雨炒め　18
にんじんとニラの春雨ツナ煮　24
鶏の春雨麺　35
ゆで鶏の春雨サラダ　37
肉団子とチンゲン菜の春雨スープ　47
ゴーヤの春雨サラダ　62

ひじき
ゴーヤとひじきの柚子胡椒サラダ　24

フライドオニオン
しょうゆ味のマカロニサラダ　26
鶏の春雨麺　35
グリルチキンのレンチンケチャップライス　39
レンチントマトソース　52
かぼちゃのポン酢サラダ　56
にんじんのツナサラダ　76

わかめ
ゆで鶏の春雨サラダ　37

梅干し・梅肉
鶏の梅おろし煮　20
梅味の切り干し煮　25
キャベツの梅和え　60
ブロッコリーとツナの梅サラダ　81
長いもの梅和え　85

キムチ
なすのキムみそ炒め　17
生春巻き　39
塩豚のキムチ炒め　45
塩豚のサムギョプサル風　45

こんにゃく
最新版！塩おでん　13

ピーナッツ
ゆで鶏の花椒だれ添え　37
カオマンガイ　37
グリルチキンのエスニックだれ　39

レーズン
かぼちゃのハニーサラダ　56
かぼちゃのマスカルポーネサラダ　56
キャロットラペ　76

オリーブ
ピンチョス　41
さんまのトマト煮込み　53

ミックスビーンズ
チョップドサラダ　37

コーン缶
キャベツのコールスローサラダ　23

トマト缶
トマトクリームシチュー　15
豚ばらとキャベツのトマトシチュー　21
ラタトゥイユ　27
レンチントマトソース　52

＜レンチントマトソースを使って＞
チーズとトマトのオムレツ　52
豚肉のソテー　トマトソース　52
さんまのトマト煮込み　53
シンプルトマトパスタ　53

柚子ジャム・マーマレード
キャベツのコールスローサラダ　23
柚子大根　71
キャロットラペ　76
白菜柚子マヨサラダ　78

【魚・肉の加工品】

スモークサーモン
玉ねぎのサーモンサラダ　72

ちりめんじゃこ
じゃこじゃが　22
大豆とじゃこの甘辛煮　26
ゴーヤとじゃこのふりかけ　63

ツナ缶
にんじんとニラの春雨ツナ煮　24

ゴーヤとひじきの柚子胡椒サラダ　24
切り干し大根とほうれん草のツナクミン　25
しょうゆ味のマカロニサラダ　26
キャベツとツナの煮物　61
ゴーヤとツナの塩昆布炒め　63
セロリサンドウィッチ　66
セロリそうめん　66
ピーマンの生姜煮　69
玉ねぎとツナのサラダ　72
にんじんのツナサラダ　76
白菜の塩ツナ煮　79
ブロッコリーとツナの梅サラダ　81

練り物
最新版！塩おでん　13

明太子
うどん入り明太クリームグラタン　50

ウインナーソーセージ
うどん入り明太クリームグラタン　50
クリーミーチーズフォンデュトースト　50

ハム・ベーコン
梅味の切り干し煮　25
ほうれん草のキッシュ風玉子焼き　51
シンプルトマトパスタ　53
ゴーヤの春雨サラダ　62
にんじんの洋風ナムル　76

【ごはん・麺類・小麦粉製品】

ごはん
カオマンガイ　37
グリルチキン粥　39
グリルチキンのレンチンケチャップライス　39
さんまの混ぜごはん　43
炙り塩豚丼　45
レンチンチャーハン　49
塩そぼろ丼　49
柚子きのこの混ぜごはん　58
ごぼうの混ぜごはん　64
ピーマン混ぜおにぎり　68
ブロッコリーの混ぜごはん　80

食パン・バゲット
チキンサンドウィッチ　37
さんまのバゲットのせ　43
クリーミーチーズフォンデュトースト　50
セロリサンドウィッチ　66

スパゲティ
さんまのパスタ　43

シンプルトマトパスタ　53

そうめん
セロリそうめん　66

生春巻きの皮
生春巻き　39

マカロニ
しょうゆ味のマカロニサラダ　26

冷凍うどん
うどん入り明太クリームグラタン　50
ブロッコリーのレンチン焼うどん　80

井上かなえ

人気料理ブロガー。2005 年にスタートした子どもたちとの日常と日々の晩ごはんを綴ったブログ『母ちゃんちの晩御飯とどたばた日記』はアクセス数 1 日 12 万件を誇り、「レシピブログ」のブロガーランキングでは殿堂入りするほどの人気。現在は、夫、てんきち（大学生）、なーさん（高校生）、すぅさん（中学生）と犬のメイの 6 人家族。雑誌、TV、食品メーカーのレシピ考案などでも活躍中。「てんきち母ちゃんの 朝10分、あるものだけでほめられ弁当」「てんきち母ちゃんの 夜10分、あるものだけでおつまみごはん」（共に文藝春秋刊）は累計10 万部を超えるベストセラーに。

ブログ『母ちゃんちの晩御飯とどたばた日記』
http://inoue-kanae.blog.jp

写真：井上かなえ、志水隆
デザイン：野中深雪
琺瑯容器：野田琺瑯 http://www.nodahoro.com
企画協力：レシピブログ http://www.recipe-blog.jp

てんきち母ちゃんの あるものだけで 10分作りおき

2018 年 2 月 15 日　第 1 刷発行

著　者　井上かなえ
発行者　井上敬子
発行所　株式会社 文藝春秋
　　　　〒 102-8008 東京都千代田区紀尾井町 3-23
　　　　電話　03-3265-1211
印刷所　光邦
製本所　光邦